心理学の世界　専門編　**7**

安全とリスクの心理学
こころがつくる安全のかたち

土田昭司 編著

培風館

執筆者一覧 （執筆順）

土 田 昭 司　関西大学社会安全学部教授
つち　だ　しょう　じ
1986年　東京大学大学院社会学研究科社会心理学専
門課程博士課程単位取得満期退学
［1, 2, 5, 7 章］

中 村 隆 宏　関西大学社会安全学部教授　博士（人間科学）
なか　むら　たか　ひろ
1998年　大阪大学大学院人間科学研究科博士後期課
程単位取得退学
［3 章］

元 吉 忠 寛　関西大学社会安全学部教授　博士（教育心理学）
もと　よし　ただ　ひろ
2002年　名古屋大学大学院教育発達科学研究科博士
課程後期課程単位取得満期退学
［4 章］

近 藤 誠 司　関西大学社会安全学部准教授　博士（情報学）
こん　どう　せい　じ
2013年　京都大学大学院情報学研究科博士後期課程
指導認定退学
［6 章］

本書の無断複写は，著作権法上での例外を除き，禁じられています。
本書を複写される場合は，その都度当社の許諾を得てください。

「心理学の世界」へのご案内

　このシリーズ35巻は，現代人の心理学に対するさまざまな期待や要望に，できるだけきめ細かく，適切に応えようとして企画されたものです。

　現代の社会は複雑かつ急速に変化するようになり，いわゆるバーチャル空間の影響も加わって，人心のあり方がこれまでになく多様化し，相互理解が難しくなってきています。予想もしなかったような事故や犯罪が続発するようになって，誰もが人間の心のはたらき方に，疑問や関心を抱かざるをえなくなってきた感があります。

　一方，そうした疑問・関心になんらかの答えを用意すべき心理学はというと，過去1世紀のあいだに多様な領域に分化して発展しており，その成果を適切なバランスで把握することが，非常に難しくなっています。関心を抱く人々の側の要求も予備知識も多様であることを考え合わせ，このシリーズでは，ねらいの異なる3つのグループに区分けして，編集することにしました。

　第1のグループは「教養編」5巻です。これは心理学というのはどんな学問か，とにかく気楽に，楽しく勉強してみたいと考えている読者を対象に，心理学の興味深い側面を紹介して，より組織的な学習への橋渡しをしようとするグループです。

---

1. 心理学の切り口　　森正義彦 編著／藤永 保・海保博之・
　　　　　　　　　　松原達哉・織田正美・繁桝算男 著
2. 認知と学習の心理学　　海保博之 著
3. 発達と教育の心理学　　麻生 武 著
4. 人間関係の心理学　　齊藤 勇 著
5. パーソナリティと臨床の心理学　　杉浦義典・丹野義彦 著

第2のグループは「基礎編」12巻です。これは学部レベルで開講される各種心理学の講義の受講者，心理学関係の資格試験を受験しようとする学習者を対象に，各分野の代表的な理論的・経験的研究を適度の詳しさで解説するグループです。心理学の標準的な領域・知識を網羅し，各種心理学試験の受験に必要となる大学学部レベルの基礎学力を養成することを，主目標としています。

1.	心理学研究法	森正義彦・篠原弘章 著
2.	学習心理学	森 敏昭・岡 直樹・中條和光 著
3.	認知心理学	太田信夫・邑本俊亮・永井淳一 著
4.	知覚心理学	佐藤隆夫 著
5.	発達心理学	無藤 隆・若本純子・小保方晶子 著
6.	教育心理学	新井邦二郎・濱口佳和・佐藤 純 著
7.	社会心理学	堀毛一也・竹村和久・小川一美 著
8.	臨床心理学	鑪 幹八郎・川畑直人 著
9.	パーソナリティ心理学	杉山憲司・松田英子 著
10.	組織心理学	古川久敬 著
11.	感情心理学	今田純雄・中村 真・古満伊里 著
12.	生理心理学	堀 忠雄 著

第3のグループは「専門編」18巻です。これは基礎知識を習得した上で，より専門的知識を深めようとする心理学専攻の学部学生や大学院生，ひととおりの予備知識を背景に，興味を抱いた分野のより高度な知識を得ようとする一般読者を対象に，最新の研究成果や特化したテーマについての詳細な知識を紹介するシリーズです。

1.	健康心理学	織田正美・津田 彰・橋本 空 著
2.	老年心理学	原 千恵子・中島智子 著
3.	カウンセリング心理学	松原達哉・松原由枝・宮崎圭子 著
4.	犯罪心理学	大渕憲一 著
5.	ジェンダーの心理学	鈴木淳子・柏木惠子 著

6. 産業心理学　宮城まり子 著
7. 安全とリスクの心理学　土田昭司・中村隆宏・元吉忠寛・近藤誠司 著
8. スポーツ心理学　中込四郎・山本裕二・伊藤豊彦 著
9. 文化心理学　増田貴彦・山岸俊男 著
10. 進化心理学　平石 界 著
11. 経済心理学　竹村和久 著
12. 法と倫理の心理学　仲 真紀子 著
13. アセスメントの心理学　橋本忠行・佐々木玲仁・島田 修 著
14. 計量心理学　岡本安晴 著
15. 心理統計学　繁桝算男・大森拓哉・橋本貴充 著
16. 数理心理学　吉野諒三・千野直仁・山岸侯彦 著
17. 神経心理学　河内十郎 著
18. 遺伝と環境の心理学　安藤寿康 著

　現在，日本の心理学界では，心理学関係の各種資格制度をより信頼性の高いものに改変しようと検討を重ねています。このような折，本シリーズは，

① これまでの心理学研究の主要な成果をまとめること
② 心理学という視点からいまという時代をとらえること
③ 時代の要請や問題に応え，未来に向けての示唆・指針を提供すること

をめざすものです。

　これらの目標を「質とまとまりのよさ」という点からも満足できる水準で達成するために，各分野で定評のある代表的な研究者に執筆を依頼するとともに，各書目ごとの執筆者数をできるだけ抑える方針を採用しました。さらに，監修者会議を頻繁に開き，各巻の執筆者とのコミュニケーションを密にして，シリーズ全体としてのバランスと統合性にも配慮しました。

この心理学書シリーズが，より多くの読者に親しまれ，関心と期待に応える形で結晶することを，心から願っております。また，このシリーズの企画実現に機会をくださった，培風館の山本 格社長をはじめ同社編集部のみなさん，なかんずく企画から編集・校正など出版に至る過程の実質的なプロモーターとしてご尽力くださった小林弘昌氏に，紙面を借りて厚く御礼申し上げます。

監修者

森正 義彦　　松原 達哉

織田 正美　　繁桝 算男

はじめに

　日本における安全についての心理学研究は，災害時の群衆行動（集合行動）として1960年代頃から始まったように思われる。1983年に刊行された日本社会心理学会の当時の機関誌である年報社会心理学は「災害の社会心理学」の特集号であったが，その中で三隅二不二氏は日本における災害に関する心理学の最も初期の研究は1960年代の安部北夫氏による群衆雪崩についての研究であったと述べている。

　リスク研究は，心理学に限らず世界的に見ても比較的に古くからある研究分野ではない。アメリカ合衆国において毒性学，工学，経済学，政治学，社会学，心理学などの多様な学問分野からなる学際的学会「リスク分析学会（The Society for Risk Analysis）」が設立されたのは1980年であった。1970年代からのDr. Daniel Kahnemanらの心理学的知見にもとづいた経済学の議論はリスクについての心理学研究とみなすことができるものの，行動経済学として経済学研究と位置づけられている。そのなかで，1987年にDr. Paul Slovicがサイエンスに発表した「Perception of Risk（リスクの認知）」と題する論文は，心理学がリスク研究の中で一つの主要な研究分野として確立されたことを象徴するものであった。ちなみに，Dr. Daniel Kahnemanと故Dr. Amos Tverskyそして Dr. Paul Slovic は共に同時期にミシガン大学にて学位を取得した親友である。Dr. Daniel

v

Kahneman に対するノーベル経済学賞授与式において Dr. Paul Slovic は受賞を祝福する記念講演をおこなっている。

　本書に関しては，シリーズ「心理学の世界」の一冊として，繁桝算男先生から初めに東京女子大学名誉教授広瀬弘忠先生にリスク心理学についての執筆とりまとめの依頼があったとお聞きしている。10 年ほど前だったと思うが，広瀬弘忠先生から編者に執筆とりまとめを代わるようにと打診があり，繁桝算男先生からも執筆とりまとめのお話が編者にあった。その時に編者が構想した内容はリスク認知(本書では第 2 章の内容)に特化した内容であり，リスク心理学としてカバーする範囲が少し狭いのではないかと懸念していた。

　2010 年に編者は，関西大学にこの年に新設された社会安全学部ならびに大学院社会安全研究科に移籍した。これは，京都大学防災研究所長であった河田惠昭先生(関西大学社会安全学部初代学部長，現，関西大学理事・社会安全研究センター長，阪神・淡路大震災記念人と防災未来センター長)が中心となって創設した日本初の社会安全学の学部，大学院である。社会安全のなかでも地震，津波，異常気象などの自然災害ならびに事故などの社会災害(人が起こす災害)に焦点を当て，人文科学，社会科学，自然科学の 30 名弱の教員によって構成されている。心理学ならびに心理学に関係する分野の教員も多い。そこで，2015 年頃に社会安全学部の同僚の先生に執筆への参加をお願いして，本書の構成を自然災害と社会災害を中心として再構成した。その時に執筆をお願いした先生には早々に原稿を提出してくださった方もいたのだが，出版が現在まで遅れてしまった。出版の遅れはひとえに編者のせいである。ご迷惑をおかけした方々にお詫びをしたい。

本書の構成は次のようになっている。

第1章「安全概念とリスク概念」では，安全とリスクがそれぞれどのような概念であるのかを検討する。安全とリスクは，誰もが知っているようでありながら，どちらも多くの人にはあまり正確には理解されていない。安全概念とリスク概念にとって心理学が主要な研究分野の一つであることを解説する。

第2章「リスクの認知」では，リスクすなわち不確実な危険と利益(望ましいことの実現)を人がどのように認識して判断をするのか，そのメカニズムを検討する。人はリスクを，たいていの場合，断片的な事実にもとづいて直感的・感情的システムに影響された簡便な認識と判断すなわちヒューリスティックスによる認知をおこなっていることについて解説する。

第3章「人的災害とヒューマンエラー」では，人が起こしてしまう災害とヒューマンエラーの関係について検討する。ヒューマンエラーが単なる注意不足や怠慢などではなく，人間の能力の限界を超える課題に対処しなければならないときに生じる現象であることを明らかにした上で，ヒューマンエラーを防ぐ対処について解説する。

第4章「災害の心理」では，まず災害に遭遇した人の心理を「なぜ人は逃げ遅れるのか」を中心にさまざまな心理モデルにもとづいて検討する。次に，事前に災害に備える心理の問題について検討する。さらに，被災後の心理について，急性ストレス障害(ASD)と心的外傷後ストレス障害(PTSD)をとりあげて，それらへの適切な対処法について解説する。

第5章「リスクのコミュニケーションとガバナンス」では，社会として安全やリスクに対処するためのコミュニケーション(情報

の流通)すなわちリスクコミュニケーションの問題点を検討したうえで，リスクコミュニケーションの実態について解説する。さらに，よりよい安全とリスクへの社会としての対処についてのリスクガバナンスについて検討する。

第6章「災害報道と心理」では，災害に関する報道の諸問題をメディア・イベント論にもとづいて検討する。災害現場におけるリアリティ(現実)が報道によって視聴者にどのように伝わるのか，さらに，報道が災害のリアリティを生み出してしまうことはないかなどの問題について詳しく解説する。

第7章「危機における心理」では，誰もが想定していなかった災害(＝危機)に遭遇したときの心理について検討する。災害時にパニックが発生した事例は日本やアメリカ合衆国では報告されていないこと(パニック神話)を指摘したうえで，その心理メカニズムを解説する。さらに，危機コミュニケーションのあり方について検討する。

本書の執筆，とりまとめを振り返って，まず関西大学社会安全学部の同僚の諸先生に感謝を申し上げたい。上記のように，関西大学社会安全学部には自然災害と社会災害に関するさまざまな分野の教員が集っているが，教授会の後などに各自の研究内容をもとに社会安全についての研究会を続けてきている。この研究会での議論が本書の内容をより豊かなものとした。

また，培風館編集部の近藤妙子さんには献身的に細かな編集作業をおこなっていただいた。執筆者一同を代表してお礼を申し上げる。

最後に，編者は個人的に東京女子大学名誉教授広瀬弘忠先生に謝意を申し上げたい。広瀬弘忠先生と編者は制度的には師弟関係とな

ることはなかったが，広瀬弘忠先生は実質的に編者の師である。編者が大学院生の時に広瀬弘忠先生がトヨタ財団の資金で実施した自然災害に対する静岡県とカリフォルニア州の比較調査に参加させていただいたのを初めに，Dr. Paul Slovic とのリスク認知についての国際比較研究プロジェクト，厚生省「エイズ対策研究班」班員，日本原子力産業会議による原子力に関する世論調査など，さまざまな研究プロジェクトに入れていただきリスク心理学の指導をしていただいた。また，日本リスク研究学会などの学会活動にも多大なご助力をいただいた。今日編者がリスク心理学研究ができるのはひとえに広瀬弘忠先生のお陰である。広瀬弘忠先生の公私にわたるご厚情に編者は深く感謝を申し上げる。

2018 年 8 月

Dr. Paul Slovic が主宰する研究集会 Workshop of Compassion
Research and Pro-social Decision Making への参加を終えて
アメリカ合衆国オレゴン州ユージン市にて

編者　土田　昭司

目　　次

1章　安全概念とリスク概念　　1

安全とは何か？リスクとは何か？

1-1　は じ め に　　1
1-2　安 全 概 念　　2
1-3　リスク概念　　5

2章　リスクの認知　　9

リスクはどのように認識され判断されるか？

2-1　理念的な合理的リスク認知と合理的リスク判断　　9
2-2　危険に対する認識　　11
2-3　本能によるリスク認知とリスク判断　　14
2-4　現実は主観的に認識される　　17
2-5　危険と利益に対する判断の違い：プロスペクト理論　　26
2-6　拒否・回避動機と受容・接近動機によるリスク判断
　　　：感情ヒューリスティックス　　28
2-7　知性システムにおける直感的・経験的な確率判断　　30
2-8　お わ り に　　34

3章　人的災害とヒューマンエラー　　37

リスクに適切に対応するために

3-1　事故・災害と人的リスク　　37
3-2　原因としてのヒューマンエラー　　39
3-3　結果としてのヒューマンエラー　　44
3-4　局所的合理性の把握　　46
3-5　ヒューマンエラーとヒューマンファクターの関係　　50
3-6　ヒューマンエラーの社会的要因　　53
3-7　事故・災害の防止に何が必要か　　56

xi

4章　災害の心理

災害リスクとのつきあい方を考える

4-1　はじめに　59

4-2　緊急時の人々の反応　61

4-3　事前の防災行動の促進　72

4-4　被災後の人々の影響　80

5章　リスクのコミュニケーションとガバナンス

社会としてリスクに取り組みリスクを統治する

5-1　リスクコミュニケーション　89

5-2　現実社会におけるリスクコミュニケーション　100

5-3　社会におけるリスクコミュニケーションの歴史的推移と
　　　今後の展開　110

5-4　リスクガバナンス　113

6章　災害報道と心理

命を守る情報のありかた

6-1　メディア・イベントとしての災害対応　122

6-2　緊急報道のリアリティをめぐる問題　130

6-3　復興報道のリアリティをめぐる問題　143

6-4　メディア・イベントとリスクコミュニケーション　151

7章　危機における心理

想定外の危険への対処はいかにあるべきか？

7-1　はじめに　155

7-2　正常性バイアス：安全と信じたい心理　156

7-3　コントロール感と危機への反応　158

7-4　パニック神話とエリート・パニック　160

7-5　危機におけるリーダーシップ　166

7-6　危機コミュニケーション　170

引用文献　175

索　引　182

1章

安全概念とリスク概念

安全とは何か？リスクとは何か？

【キーワード】
安全，セキュリティ，セイフティ，レジリエンス，セイフティⅠ，セイフティⅡ，リスク，不確実性，生起確率，危険，利益，コスト

1-1
はじめに

　安全は誰でもよく知っている概念である。また，リスクという言葉も今日ではよく知られている。しかし，安全の概念についても，また，リスクという概念についてもその本質をよく理解している人は少ないように思われる。本章では，**安全概念**と**リスク概念**を深く考えてみよう。

1-2
安 全 概 念

　国際的に，さまざまな規格や基準を統一して相互承認するための機関に ISO（国際標準化機構）がある。これは，国際間の貿易を促進するために工業，農業，食品安全，医療などの広い分野で国際的に統一した基準を定める機関である。ISO の定義では，安全は「許容できないリスクがないこと」（ISO guide 51, 2014）とされている。一般には多くの人が，単に危険がないことが安全であると考えているのではないだろうか。ISO でも最初は安全をそのように定義していた（ISO guide 51, 1990）。しかし，世界的に安全についての考察が深まっていくにつれて，「全く危険がない」状態などあり得ないことが認識されるようになってきた。これをごく簡単に証明しようとすれば，次の例が挙げられる。人が死亡することは危険なことである。しかし，人は必ず死ぬ運命にあり誰も死から逃れることはできない。もし，完璧な安全があるのだとすれば人は永遠に生きられるはずである。

　人が死亡することは，どのような事態であろうとも，避けるべきことであり，また，避けたいことである。しかし，それが天寿を全うした場合のような，許容できる，換言すれば，運命として受け容れることができる死亡であるならば危険とはみなさないというのが現在の安全の定義なのである。

　ISO guide 51（2014）に代表される，この安全の定義には，次の 2 点が含意されている。

　1 つは，上述のように，完璧な安全は客観的にはあり得ないのであって，安全は「より安全か」「より安全ではないか」という程度

1-2 安全概念

の問題として論じなければならないことである。

あと1つは，安全は程度の問題ではあるけれども，社会として便宜的に安全であるか否かを区別する基準は，「安全ではない状態」を許容できるかどうかという人間の認知に基づいている点である。つまり，安全の基準は心理学的要因によって決定されるのである。そのため，個人や集団や社会，あるいは，文化や時代によって，何が安全とされるかが変わってしまう可能性がある。ある人びとにとって安全とみなされることであっても，別の人びとにとっては安全ではないとみなされることがあるのである。このことに関しては，第2章以降の各章において改めて考察する。

日本語では，安全を表す言葉は「安全」だけである。これは，日本語で水，湯あるいは海水を場合によって使い分けているのに対して，英語ではこれらをすべて water で表しているのと同じである。すべての安全概念が1語で表現されるのは，日本語だけでなく中国語，韓国語，インドネシア語など東方アジア言語では共通しているようである。これに対して，英語では安全概念が，いくつかの下位概念に分けられて，それらはそれぞれ異なる言葉で表現されている。（辛島，2011）

安全を表す英単語のひとつは**セキュリティ**(security)である。セキュリティとは，危険なことの発生確率を最小限にする安全である。つまり，事故や災害を起こさせない安全である。例えば，警備保障会社は英語でセキュリティ・サービスとよばれる。警備保障会社の任務は事故や事件を起こさせないことである。

これに対して，安全を表すもう一つの英単語に**セイフティ**(safety)がある。セイフティとは，危険なことが起きたとしてもそ

の被害の程度を最小限にする安全である。例えば，自動車の座席に装備されているシートベルトは英語でセイフティベルトともよばれる。シートベルトは装着の有無が事故を起こす確率に影響するわけではない。しかし，シートベルトを装着していれば万一事故が発生した場合に被害を軽減することができる。

また，厳密には必ずしも安全を表すものではないが，災害対策・事故対策などの安全分野で注目されている英単語に**レジリエンス**(resilience)がある。レジリエンスは，「飛び戻る」「反動で跳ね返る」という意味のラテン語 resilire を語源とするが，「妨害やストレス，逆境に直面した時にうまく適応する能力」をいう(Norris et al., 2008)。高いレジリエンスがあれば，危険にあって被害を受けても，速やかにかつ容易に被害を受ける前と同じ状態に戻ることができる。例えば，地震で住居が全壊した後，長期にわたって住宅再建できなければこれは大きな危険である。しかし，レジリエンスがあれば，地震で住居が全壊しても，すぐに負担なく住宅を再建できてまた元と同じ生活ができる。それならばさほどの危険ではなく，より安全の度合いが増すと考えるのである。

自然災害を研究する河田は，レジリエンスを「縮災」と訳している(河田，2016)。レジリエンスを高めることによって被災の期間を短縮することができるからである。これに合わすならば，セキュリティは「**防災**」，セイフティは「**減災**」とすることもできよう。

このように英語での安全は状態を表す概念ではない。安全対策ともいうべき行動を示す概念である。そこには，安全は何もしなくても与えられるものではなく，行動して獲得しなければならないものとの発想がある。

安全概念について最後に，安全対策としての**セイフティⅡ**という

考え方を紹介する(Hollnagel, 2014)。従来，安全対策では，安全確保に失敗した事故や災害の事例にもとづいて，失敗した原因を取り除こうとする対策がとられることが多い。すなわち「事象が悪い方向へ向かわない状態」を実現しようとする対策である。これをホルナゲル(Hollnagel, D.)は**セイフティⅠ**とよんでいる。これに対して，安全確保に成功した事例にもとづいて対策を立てようとするのがセイフティⅡである。すなわち，セイフティⅡとは，「事象が正しい方向へ向かうことを保証する」対策である。特にレジリエンスには，セイフティⅠよりもセイフティⅡが有効であるとの主張がなされている。

1-3 リスク概念

　日本語の「リスク」は英語からの外来語であるが，英語にとってもriskは外来語である。英国には大航海時代の15〜16世紀にスペイン語，ポルトガル語，イタリア語などのラテン語系の言語から移入されたものであり，元々はラテン語あるいはアラビア語であったようである(Skert, 1898)。リスクの語源となった言葉は，航海用語で海面下に隠れている岩すなわち暗礁をさしていた。暗礁(リスク)は，衝突すれば船が沈んでしまう危険なものであり，かつ船の上からは発見できないものであった。しかしながら，暗礁(リスク)がある海域を避けて遠回りの航路をとると，航海の日数が増えコストも増大する。軍船であれば，あえて暗礁(リスク)のある海域に船を進めることで敵の裏をかいて勝利する可能性もある。そのようなことから，当時の船乗りにとって，暗礁(リスク)は，基本的には危険な

ものであるが，うまく回避できれば利益を得ることができるものと認識されていた。現代でも，イタリア語でリスクの動詞形であるリスカーレは「勇気を持って試みる」という意味で使われている。

リスクの語源が示すように，リスク概念は，単純な危険ではなく，**利益（望ましいことの実現）のための危険**を意味している。あるいは，危険を伴う利益がリスクであるということもできる。例えば，株取引などにおけるリスクでは利益の要因が強く意識されることになる。したがって，リスク概念を正確に表す日本語表現は「虎穴に入らずんば虎児を得ず」なのである。

リスク概念には，さらに重要な要因が含まれる。リスク概念は，既に生じてしまった事象（過去）や，今生じている事象（現在）に用いる概念ではなく，これから生じるかもしれない事象（未来）についてのみ適用される概念である。未来においてどのような事象が発生するかは未定であるため，リスク概念には必ず**不確実性**（uncertainty）が伴う。不確実性ゆえに，リスク事象は生起確率によって表現されることになる。例えば，地震リスクや事故リスクは，どの程度発生しやすいリスクなのかが確率で表現される。

さて，安全概念について，完璧な安全はあり得ないと説明した。リスクも現実において発生確率がゼロになることはない。なにであれ，危険な事象は，その発生確率が限りなくゼロに近づくことはあっても，完全にゼロになることはない。また，私たちは，経験を豊かにして，また，科学技術を進歩させることで，未来に発生する事象のいくつかはかなり正確に予測できるようになった。しかしそれでも想定外のリスク事象は発生する。

以上をまとめて，筆者なりにリスク概念を定義すれば，「将来において発生する可能性があると想定される事象について，現実に発

生した場合にもたらされる被害と利益の程度，ならびに，それらの発生確率を総合的にとらえた概念」となる。人がこの概念にしたがったリスク認知を行うことは，一般的には，相応の訓練と経験がなければ困難な，かなり複雑・高度な思考課題であり，日常生活における情報処理能力では**認知的過負荷**に陥りやすい。日常生活におけるリスク認知は，より簡便な認知方式が用いられる。これについては第2章において詳述する。

◖ ま と め ◗
❏ 安全とは「人が許容することができない危険がないこと」である。許容できるかの心理が安全の基準となる。
❏ 安全対策は，セキュリティ（防災），セイフティ（減災），レジリエンス（縮災）に分けて考えることができる。
❏ リスク概念には被害（危険）だけでなく利益・コストが含まれる。
❏ リスクは不確実性を伴うため確率で表現される。

◖ より進んだ学習のための読書案内 ◗
村上陽一郎（1998）．『安全学』青土社
　　☞安全について哲学的考察が述べられている。
ベック，U.／東廉・伊藤美登里（訳）（1998）．『危険社会：新しい近代への道』法政大学出版会
　　☞現代社会がリスク化社会であるとして，リスク概念にもとづいて社会の成り立ちを論じている。
関西大学社会安全学部（編）（2018）．『社会安全学入門』ミネルヴァ書房
　　☞さまざまな分野の安全を社会安全学の観点から統一的に論じている。
日本リスク研究学会（編）（2006）．『リスク学事典（増補改訂版）』阪急コミュニケーションズ
　　☞リスク分析学（Risk Analysis）として，リスクとリスクに関する諸問題を網羅的に解説している。

2章

リスクの認知

リスクはどのように認識され判断されるか？

◀キーワード▶
合理的リスク認識,ヒューリスティックス,危険認知バイアス,二重過程モデル,スキーマ,利用可能性ヒューリスティックス,プロスペクト理論,感情ヒューリスティックス,主観的確率判断

2-1
理念的な合理的リスク認知と合理的リスク判断

　リスクとは,将来において発生するかもしれない不確実な事象の危険と利益なのであるから,表2·1に示すように,理念的には,将来生じるであろう危険と利益それぞれの大きさと確率について,すべての情報を収集して認識・評価したうえで,それらすべてを考慮してリスクにどう対処するかを判断するのが合理的である。例えば,自家用車を使って家族旅行に行くとすれば,少なくとも,自家用車を使うことによって得られる利益の大きさとその利益が実際に得られる確率,そして,自家用車で事故に遭った場合の被害の大きさと事故に遭う確率,のすべてについて調べて自家用車を使って家

表 2・1　リスクを構成する要素

	生起確率	程度
危険	危険に遭う確率	被害の大きさ
利益	利益を得る確率	利益の大きさ

族旅行に行くかを判断するのが，理念的な実質的リスク判断すなわち**合理的リスク判断**であるといえる。しかしながら，このような理念的なリスク判断は，人間にとってかなり面倒なことである。なぜならば，理念的な合理的リスク認知・判断は思考に多大な労力が必要なことがほとんどであり，人間の知的能力を超えてしまう**認知的過負荷**を生じさせる課題となりかねないからである。そのため，合理的リスク認知と合理的リスク判断は，企業の経営者や政治家，高位の行政担当者など，間違いのないリスク判断をしなければならない責任を負う立場の者が，それなりの訓練と経験を積んだ上で業務としてならば日常的に行っているとしても，ほとんどの人は普通の日常生活においてよほど重大な問題でもなければ，当該事象についてのすべての情報を考慮したリスク認識とリスク判断は行わない。

　人間はこのような理念的なリスク認知・判断を行わなくとも，もっと簡便なやり方でリスクを認識しリスクに対処する判断を行うことができる。例えば，リスク事象の危険面だけを考えて利益面を無視すれば，考えなければならないことが半分に減る。私たちは，車で行く家族旅行の楽しい面を考えているときには危険について考えようとはしない。また，逆も然りである。原発が危険だと思えば原発によって電気料金が安くなっているかとは考えない。さらに，人間は確率についての情報処理を得意とはしていないので，少しでも生じる可能性がある（＝0％ ではない）のであれば，必ず生じる（＝

100% である）と二分法で判断しやすい。そのほうが思考の負担は
ずっと軽くなる。このような簡便なやり方を**ヒューリスティックス**
という。本章では以降でリスクの認知や判断の直感や経験にもとづ
くヒューリスティックス的な側面を解説する。

●●● 2-2 ●●● 危険に対する認識

　危険に対する認識についての最も初期の研究は，スター（Starr,
C., 1969）の論文であろう。スターは，科学技術が社会に受け入れ
られるとき「どれほど安全であれば十分に安全であるとされるの
か？（How safe is safe enough？）」との問題意識のもとに，スキー，
喫煙，鉄道，航空機などの**自発的なリスク**（voluntary risks）と，自
然災害，電力，原子力発電所などの自分で選択できない**非自発的な
リスク**（involuntary risks）に分けて，それぞれ使用人数・時間あた
りの死亡率（危険度）と，使用人数あたりの年間利益の関係を分析し
た。その結果，基本的に利益が大きいほど大きな危険が受け入れら
れている関係が見られた。さらに，同じ利益であれば自発的リスク
は非自発的リスクの約 1000 倍危険であっても受け入れられている
ことを明らかにした。フィッシュホフら（Fischhoff, B. et al., 1978）
は，このスターの知見が心理学的にも正しいことを 76 名の市民を
対象とした質問紙法による心理測定によって検証している。
　これを発展させて，スロヴィック（Slovic, P., 1987）は，一般の市
民が 81 の対象についてそれぞれ危険度を評定したデータを因子分
析した。その結果，第 1 因子に「**恐ろしさ**（dread risk）」，第 2 因子
に「**未知性**（unknown risk）」が抽出された。つまり，一般の市民は

危険を① どれだけ恐ろしいか，② どれだけ知っている（馴染みがある）かの２つを主な基準として判断していたのである。これを「（スロヴィックの）危険認知の二要因説」という。

これまでの多くのリスク認知研究によって，人がどれほど危険であるかを判断する心理的基準（危険認知バイアス）は，上述の利益の大きさ，自発性，恐ろしさ，未知性を含めてさまざまな要因があることが指摘されてきている。

① 利益の大きさ：人は相反する感情を同時に持つことが困難であるため，危険と利益を同時に考えることを避ける傾向がある。そのため，利益の大きなものには危険がないと認識しやすく，危険なものには利益はないと認識しやすい。これを**危険認知と利益認知のトレードオフ**という。例えば，愛煙家はたばこの健康被害を低く見積もりがちである。また，原子力発電が危険であると強く反対する者は原子力発電が生み出す利益を過小評価しやすい。このことは，私たちの危険に対する認識が，客観的な事実だけではなく利益に対する認識にも影響されていることを意味している。利益が欲しいと思うほど危険はないのだと信じ込もうとする心理があることには留意すべきである。同様に，危険だと思うほど利益はないと信じ込もうとする心理もある。

② 恐ろしさ：怖いという感情的反応は，理性的な危険認識を左右する。感情的に恐ろしいと感じられるものは，客観的に危険なものだと認識される。逆に，恐ろしくないものや可愛らしいものは，それだけで客観的な根拠はなくとも危険性はないと直感的に認識されやすい。

③ 未 知 性：怖いという感情は，恐怖感情と不安感情に分けられる。恐怖は危険が明白にあるときに発動する感情である。それに対

2-2 危険に対する認識　　**13**

して，不安は危険があるのかないのか不確かなときに発動する感情である。未知性はこの不安感情による危険判断に影響する。人は，未知で情報が少なくよくわからないものほど危険であると認識しやすい。

④ **自発性**：人は自分から進んでやったこと，すなわち，自分に責任がある行為は正当化しようとする。そのため，自発的に行ったことについての危険性を過小評価しやすい。同様に，自発的に行ったことについての利益は過大評価しやすい。

⑤ **コントロール感**：自発性とも関連するが，人は自分がコントロールできないものほど危険と認識する。逆に，自分が運転している車のように自分がコントロールしているものは実際以上に安全だと思い込みやすい。人は，実際以上に現実を自分がコントロールできるのだと思い込む傾向があるからである。これを**コントロール幻想**という。

⑥ **発生確率を無視した被害の大きさ**：被害が大きいほど危険だと思うことは当然であるが，そのときに発生確率が無視されがちになる。五千年に一度発生する火山の大噴火（推定死者数2,000名）と，毎年発生する中規模の地震（推定死者数1名）のどちらが危険であるかは，客観的には五千年間にわたる被害の総計（死者の推定総数は，火山の大噴火が2,000名，中規模の地震が5,000名）を比較しなければならない。しかし，直感的には火山の大噴火のほうがより危険なことに感じる。このことは逆に言えば，いつもよく発生している小中規模の危険は実際以上に安全と認識されやすいことを示している。

⑦ **遅発性**：被害がすぐに生じる危険よりも，何年か後になって現われる危険ほど重大な危険であると認識されやすい。例えば，感

染してすぐに発症する病気よりも，感染してから10年間潜伏した後に発症する病気のほうがより怖く危険であると思われやすい。遅発性の危険は，いつ発現するかわからない未知性と低コントロール感のためにより怖いと感じやすく大きな危険であると認識されやすいと考えられる。

⑧ **人 工 物**：多くの人は自然を愛する価値観を持っている。特に食品に関するものについては，自然のままであるもの，人間が手を加えていないものが安全であると認識しやすい。その逆に，人工物は危険であると認識されやすい。このことから，細菌やウイルスによる食中毒はしかたないと許容できるが，人工の食品添加物で発病することは許せないとの認識が持たれることもある。

⑨ **伝統的ではないもの**：人は，長年多くの世代にわたって伝統的に使ってきたもの，行ってきた行為は安全であるとみなす傾向がある。例えば，日本に限らず毎年のように死者を出す祭り行事が各地にあるが，その祭りを伝統的に行ってきている者には危険性がさほど高くは認識されない。

⑩ **不平等性**：人は，自分だけが被害を受けるのではなく他の人たちも同じように（＝平等に）被害を受けるのであれば，危険を受け入れやすくなる。逆に，自分だけが受けなければならない不平等な被害をもたらすものは実際以上に危険であると感じやすい。

● ● ● 2-3 ● ● ●
本能によるリスク認知とリスク判断

動物行動学者でノーベル賞受賞者であったローレンツ（Lorenz, K. Z., 1963）は，動物の攻撃行動についての議論において，動物には

「強い動物」と「弱い動物」の2つがあると述べている。ローレンツによれば，強い動物は攻撃のなんたるかをよく知っていて，意味のない無駄な攻撃はしない。例えば，ライオンはどんなに空腹であっても獲物が仕留められる位置にまで来なければ攻撃を開始しないし，また逆に，満腹であれば獲物が目の前にいても襲いはしない。逆に弱い動物は，意味のない無駄な攻撃をする。また，一度攻撃を始めてしまうと相手が動かなくなっても攻撃をやめることができない。

ローレンツのこの観察をリスク認知に援用すれば，強い動物と弱い動物には，リスクに対する反応に次のような違いがあるということができるであろう。すなわち，**強い動物**は利益(獲物)についての情報収集能力(センサー)を発達させており，利益がどこにあるかに注意している。**弱い動物**は，危険(捕食動物)についての情報収集能力(センサー)を発達させており，危険がどこにあるかに注意している。

問題は，人間は強い動物なのか弱い動物なのかである。遺伝子に規定されるヒトは，進化の系譜をたどれば弱い動物の末裔である。人間には，鋭い牙や爪もなく，他の動物を圧倒する筋力もなく，さらに身を守る分厚い毛皮もない。したがって，遺伝子による本能的なレベルの反応としては，人間は危険情報に敏感であり，利益を無視してでも危険を探知することに努力を惜しまないようにプログラムされているといえよう。

しかしながら，人間は他のどの動物をも圧倒的に凌駕する高い知性を備えている。この知性のうえでは人間は強い動物である。したがって，知性を用いるレベルでは，人間は利益情報に敏感な存在であるとみなすこともできる。

このため，安全や危険を判断する人間のリスク認知は，ほとんどが遺伝子によるメカニズムだけに支配される他の動物とは違い，本能的には無条件に危険情報に注意を払いつつも，知性的には利益情報にも関心を持つという一種の二面性を持っている。

私たちは，リスクや安全についての判断，意思決定を，遺伝子に影響される**本能や感情のシステム**と，大脳新皮質による**知性のシステム**の両方で行っている。これらのシステムについては，例えば，ダマシオ(Damasio, A., 1994)は脳科学の立場から深い検証・検討を行っている。もちろん，本能や感情のシステムと知性のシステムは，それぞれ別個に単独で機能するものではなく，互いに影響を受け合いながら機能するが，典型例として，本能や感情のシステムが優勢的に機能する判断，意思決定と，知性システムが優勢的に機能する判断，意思決定をそれぞれあげることができる。

同様の議論として，社会心理学では1970年代から説得研究や態度研究において，人の判断には**意識的・熟慮的プロセス**と**自動的・経験的プロセス**があるとする**二重過程モデル**が多くの研究者によって提唱されてきている。例えば，エプシュタイン(Epstein, S., 1994)は自動的・経験的システムを**システム1**，意識的・熟慮的システムを**システム2**とよんでいる。

これらの研究を踏まえて，カーネマン(Kahneman, D., 2011)は，人間の思考には知性システムが関わる判断においても，「**遅い思考**」と「**速い思考**」があるとしている。遅い思考とは論理的に熟慮することであって，知性システムのみが行うことができる。速い思考とは，直感や感情に強く影響された思考・判断であって，純粋な感情のシステムだけではなく人間の知性システムによる思考の多くもまた速い思考であるとカーネマンは指摘している。

2-4 現実は主観的に認識される　　　　　　　　　　　　　　　　　　　　**17**

　本章で述べている人間のリスク認知のヒューリスティックス特性は，主にこの速い思考に関わるものである。

2-4
現実は主観的に認識される

　安全や危険についての認知に限らず，私たちは自分が現実を客観的に認識できていると信じがちである。しかしながら，私たちが認識している現実は，そもそも主観的なものである。しかも，私たちは自分の主観的な現実認識が客観的な物理的現実とは違っていることに気がつかない。さらにまた，私たちが認識している現実は極めて個人的なものである。すなわち，同一の客観的な現実に接しても，人により，また，状況によって認識された現実はそれぞれ異なるものなのである。安全や危険を判断するとき，このことに気づいていることは重要である。

(1) 錯　　覚

　人の認識が客観的な現実を正しく反映していない例として錯覚を考えてみよう。人は視覚，聴覚，味覚，臭覚，皮膚感覚(触覚と温覚)のいわゆる五感さらに平衡感覚，内臓感覚によって現実を認識している。錯覚は網膜や鼓膜などの感覚器官が外部からの信号を受け取った時点では生じていない。錯覚が生じるのは感覚器官からの情報を受け取った脳が知覚したと情報処理するプロセスにおいてである。

　図2・1(a)に示したミュラー・リヤー錯視がなぜ発生するのかについてはさまざまな説明がされているが，次のプロセスによって生

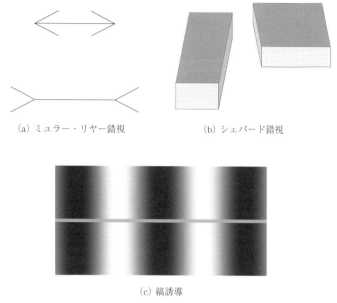

(a) ミュラー・リヤー錯視　　(b) シェパード錯視

(c) 縞誘導

図 2·1　錯視の例
(錯視については北岡(2010)が詳しい)

じると説明することも可能である。私たちは3次元空間に生きていることから、視覚情報は3次元情報であると認識されやすい。(a)の図が3次元情報である場合には、上下の図形が合わせて提示されると、上の図形の横線は斜め線よりも手前にあると認識されやすく、下の図形の場合には横線は斜め線よりも奥にあると認識されやすい。3次元情報には遠近法があるため、手前の物体は奥の物体よりも大きく長く見えるはずである。そこで脳は、網膜上に同じ長さとして入力された「手前にある」上の横線はより短く、「奥にある」下の横線はより長いと補正して認識しているのである。このよ

うな錯視は，単に長さだけでなく，シェパード錯視（図2·1(b)）など の図形認識，縞誘導（図2·1(c)）などの色彩認識においても生じ ていることが知られている。シェパード錯視では上面の濃い色の部 分は全く同じ形である。縞誘導では中央の線に縞模様が見えるが実 際には縞はなくこの線はすべて均一な色彩である。脳によるこのよ うな現実認識の補正，改変，すなわち錯視は，例えばミュラー・リ ヤー錯視では3次元空間における日常生活においてきわめて合理 的であり役に立っている。しかし，ここで重要なことは，錯視は無 意識によるデータ補正であるために，私たちは自分の脳がこのよう なデータ補正／改変を行っていることに気づいていないことである。 そのためこのような錯視においては人は脳が自動的に補正／改変し た実際には客観的ではない現実認識を客観的な認識であると信じて いるのである。

(2) 脳の情報処理による現実認識の時間的ずれ

　人の認識が現実とずれていることは時間的にも生じている。視覚 の場合，脳の部位にもよって差異がありまた個人差もあるが，網膜 が信号を受け取ってから脳が知覚したと判断するまで約0.2秒かか る。これは，私たちが現在見ていると認識している現実が約0.2秒 過去の現実であることを意味している。例えば，時速60kmで移 動しているとき0.2秒で3.3m進む。しがたって，時速60kmで自 動車を運転しているとき，自動車の位置は運転者が見ている映像よ りも実際には3.3m先に進んだところにある。テニスのサーブでは， 時速200kmでボールが打ち込まれることがある。その場合，0.2 秒で11.1m移動するのであるから，テニスコートの長さが23.77m であることを考えれば，相手の選手のラケットにボールが当たった

と見えた時点では，実際にはボールはセンターネットの上あたりを飛んでいるのである。このように，人の現実認識は脳の情報処理にかかる時間の分だけ実際の現実よりも遅れるというずれが生じている。なお，このずれの時間を含めて，外部からの信号（刺激）を受け取ってから動作を行う（反応）までの反応時間は，成人以降には加齢と共に長くなる傾向がある。

(3) 既存の知識体系（スキーマ）による現実認識

私たちの理性的な判断は，知覚した外部情報を自分がすでに保持している知識体系に組み入れることによってなされる（Neisser, 1976）。このことの最も単純な例を図 2·2 に示す。図 2·2(a) の上段は「11」「12」「13」と認識されるであろう。下段は「A」「B」「C」と認識されるであろう。ところで，上段の「13」と下段の「B」はまったく同じ図形である。まったく同じ図形であるにもかかわらず，なぜ私たちは異なる文字と認識するのであろうか。上段を見たときには，私たちは個々の文字を認識する前に全体として＜これは数字だ＞と認識する。つまり，数字の**知識体系（スキーマ：schema）**が最初に活性化する。その知識体系（スキーマ）にしたがって「13」と認識されるのである。下段の場合は，まずアルファベットの知識体系（スキーマ）が活性化する。その知識体系（スキーマ）のもとではこれは「B」と認識される。次に図 2·2(b) をみてみよう。図 2·2(b) の上段は HOME であり，下段は TODAY と私たちは認識する。しかしながら，上段の H と下段の A は同じ図形である。このことは，私たちが home と today という英単語をすでに知識として持っていることから生じている。この 2 つの英単語についての情報がなければ，上段の H と下段の A は同じ文字として

2-4 現実は主観的に認識される

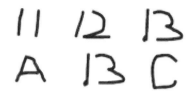

(a) 13 と B

(b) HOME と TODAY

図 2・2 知識体系(スキーマ)による現実認識の例
出典) Neisser(1976)を参考に作成

認識されたはずである．

　このように，私たちが現実を認識するときには，自分がすでに持っている知識体系に現実を合致させようとする歪みが生じる．普段にはない危険の兆候を目にしたとしても，それを自分が知っている通常の状態であると解釈して見過ごしてしまう現象，すなわち，思い込みによって危険を見過ごしてしまう現象が生じるのはこのためである．

(4) 現実認識は思い出しやすい情報で構成される(利用可能性ヒューリスティックス)

　前節で説明したように，人は，外から入ってくる情報だけではなく，自分が記憶している情報(＝長期記憶に保持している情報)も使

って現実認識をしている。ただし，人間が一度に意識できる情報量には限界がある（＝短期記憶は少数の情報しか同時に保持できない）。例えば，まったく無関連な数字であれば同時に意識していられるのは7個前後が限界である。そこで，自分が長期記憶にすでに保持している情報のなかからどの情報が思い出されて（＝短期記憶に転送されて）意識されるかによって，現実認識が異なったものになる。すでに記憶している情報を思い出す場合には，思い出しやすい情報と思い出しにくい情報がある。記憶している情報のなかから思い出し意識しやすい程度を**記憶の利用可能性**という。トベルスキーとカーネマン（Tversky, A. & Kahneman, D., 1974）は，アメリカ人を対象とした実験で，rで始まる英単語と3字目がrである英単語のどちらが多いかを判断させた。その結果，実際には後者の単語数の方が多いにもかかわらず，大抵の人は前者の方が多いと回答した。前者の方が後者よりも思い出しやすかったからである。

　現実認識や判断は，思い出し意識しやすい，すなわち，利用可能性が高い記憶にもとづいてなされる。これを**利用可能性ヒューリスティックス**という。例えば，実際には自動車事故のほうが航空機事故よりも頻繁に起きているのであるが，航空機事故について自動車事故よりも多くの強い記憶を持っていて思い出しやすく意識しやすい場合には，航空機事故のほうが自動車事故よりも頻繁におきているとの認識を持ちやすい。

(5) 経験にもとづく現実認識（代表性ヒューリスティックス）

　私たちは現実を認識するとき，数学的な論理性よりも，自分がこれまで経験してきた知識にもとづいて判断をする。トベルスキーとカーネマン（1974）は，その例として**代表性ヒューリスティックス**

をあげている。代表性ヒューリスティックスの最も有名な具体例に**「リンダ問題」**がある。まず，次の文章をよく読んでいただきたい。

> 「リンダ（女性36歳）は，大学生時代に政治運動に熱中していました。戦争反対や基地問題についてのデモや討論に積極的に参加して，男子学生を議論でやり込めたり吊るし上げることもしばしばありました。」

さて，36歳になった今，リンダはどうしているだろうか。次の2つの選択肢ならば，どちらがよりあり得ることとあなたは考えるだろうか。

(1) リンダは銀行員になっている

(2) リンダは銀行に勤めながら市民運動に参加している

トベルスキーとカーネマンは，約70％の人は(2)「リンダは銀行に勤めながら市民運動に参加している」ことがよりあり得ることだと判断し，(1)「リンダは銀行員になっている」ことのほうがよりあり得ることと判断した人は約30％であったとしている。

このリンダ問題は，数学的には(1)「リンダは銀行員になっている」ことが(2)「リンダは銀行に勤めながら市民運動に参加してい

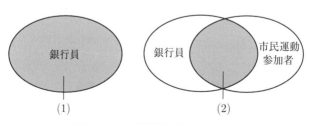

図2・3　リンダ問題の図解（ベン図）

る」ことよりも確率が高いと計算される。なぜならば，(2)は世の中のすべての銀行員が市民運動に参加しているときのみ(1)と同じ確率になるのであって，世の中には市民運動に参加していない銀行員がいるのであるから(2)は(1)よりも確率が低いはずなのである。これを数学の集合論で使うベン図で表現すれば**図 2・3**になる。

　それではなぜ私たちの多くは数学による解とは逆に「リンダは銀行員になっている」ことのほうがあり得ないと認識するのであろうか。それは，学生時代に政治運動に熱中していた女性が銀行員になっているのは，私たちの経験に合致しにくく，逆に，学生時代に政治運動に熱中していた女性が市民運動に参加しているのは，私たちの経験に合っているからである。私たちは，自分がよく経験してきたこと，自分の経験に合っていることが，いつでも現実では生じているのだと認識するものなのである。

　安全やリスクを認識する場合にも，このように，自分がこれまでに経験してきたとおりの事態が生じているのだと認識しやすい。私たちは，自分がこれまでに経験したことがないことが生じているとの認識を持ちにくいのである。さらに，これから未来に生じる事態についても自分がよく経験してきた事態ほど発生しやすく，経験していない事態は発生しにくいと判断する傾向がある。

(6) 自己正当化欲求による現実認識

　私たちには，自分の存在や自分が行ってきた判断や行為が正しいものであると思いたい自己正当化欲求がある。自己正当化欲求はとても強固であり，ある意味で私たちの健全な精神を支えているものでもある。鬱などの症状は**自己正当化欲求**が弱まることによって生じる側面がある。社会心理学における古典的な理論の一つである認

2-4 現実は主観的に認識される

知的不協和理論(Festinger, 1957)による数多くの実証研究は，自分を正当化するために私たちがいかに現実を歪めて認識して，自分を正当化できる判断を優先してするものであるかを明らかにしてきた。その一例として，私たちは基本的に自分にとって都合のよい情報にしか注意を向けず記憶もしない傾向がある。私たちの理性的判断でさえも，基本的に自分にとって都合のよい情報のみにもとづき，都合の悪い情報を排除することでなされやすいのである。これを**選択的情報接触**という。

リスクについての認知や判断も自己正当化欲求に影響を受ける。例えば，「自分は逃げない」と決めてしまうと，自分が逃げないことを正当化するために，危険の兆候を示す情報があってもそれを無視あるいは過小評価してしまうし，場合によっては，実際には存在しない安全情報があったと誤認してしまうことさえある。逆に，「自分は逃げる」と決めてしまうと，逃げている自分を正当化するために，安全情報を無視あるいは過小評価すること，危険情報を実際よりも過大に評価すること，あるいは，存在しない危険情報があるのだと信じ込むこともある。

さらに，自己正当化欲求があるために，人は自分にだけは危険が生じることはないと思い込む傾向がある。エイズ対策研究において明らかになったことであるが，イギリスにおける市民への聞き取り調査において，エイズ感染を防ぐ方法をよく知っているにもかかわらず，有効なエイズ感染対策を取ろうとはしない者が多くいた。そのような人は，他の人にとっては危険な行為であっても，自分が行うときには安全だと根拠なく信じていたのである。これを**非現実的楽観主義**(unrealistic optimism)という。

また，人は危険な状況に陥ったときには，現実は安全であると思

い込む傾向がある。例えば，火災報知器が鳴ったときに，実際に火災が起きたのではなく火災報知器が故障したのだと思う人は多い。また，自分が大病を患っている可能性があると診断された場合には，診断は誤りであって実際には自分は病気ではないと認識したいであろう。これを**正常性バイアス**(normalcy bais)という。一般に，危険かもしれないと不安に思うのは実際にはまだ安全な状態にいるときである。本当に危険な状況に陥ったときには，人はむしろ安全であると認識を歪める傾向があることには留意すべきである。

2-5
危険と利益に対する判断の違い
―プロスペクト理論―

2-3 節で述べたように，本能的には人間は利益を無視してでも危険への対処を重視する傾向がある。カーネマンとトベルスキー(1979)が提唱した**プロスペクト理論**ではこのことを次のように表現している。具体的な事例で説明しよう。

> 「あなたが知事をしている県に海外から死亡率の高い危険な伝染病の罹患者が来て多くの人と接触したため 600 人の感染者がでたことが判明した。速やかに県内 600 人の感染者すべての隔離を完了したので，これ以上の感染の拡大はない。」

> 「さて，知事であるあなたに対して感染して隔離された 600 人への対策として専門家から次のような提案がなされた。」

(A) 対策 A を実行すれば確実に 300 人の命が助かる。

(B) 対策 B を実行すれば 50% の確率で感染者は誰も助からないが，50% の確率ですべての感染者 600 人の命が助かる。

あなたなら知事として対策 A と対策 B のどちらを選択するだろうか。カーネマンとトベルスキーの実験では，大多数の人が対策 A を選択した。

では，知事であるあなたに対する専門家からの提案が次のようなものであったならばどうだろうか。

(C) 対策 C を実行すれば確実に 300 人の感染者が死亡する。

(D) 対策 D を実行すれば 50% の確率で感染者 600 人誰も死亡することはないが，50% の確率で感染者全員が死亡する。

カーネマンとトベルスキーの実験では，この提案では多くの人が対策 D を選択した。

上記の対策 A，対策 B，対策 C，対策 D は，数学的な期待値で考えれば，いずれも生存者 300 人で死亡者 300 人なのであるから，どの対策をとっても同じである。しかし私たちは，対策 A，対策 B のように事態が救命，生存というプラス(利益)の**枠組み(フレーム)**で提示された場合には，不確かな大きな利益よりは小さくとも確実な利益を選択しやすいのに対して，対策 C，対策 D のように事態が死亡というマイナス(危険)の枠組み(フレーム)で提示された場合には，部分的な危険の回避を確実にするよりも，不確かでも完全な

危険の回避をすることのほうを選択しやすいのである。

　このことは，金銭の問題に置き換えればよりはっきりするであろう。賞金として，確実に 100 万円もらえる選択と，コインを投げて表なら 200 万円もらえるが裏なら何ももらえない選択が提示されたら，多くの人は確実に 100 万円もらえるほうを選ぶであろう。しかし，200 万円の借金の減免として，確実に 100 万円分だけ減免してもらえる選択と，コインを投げて表なら 200 万円全額減免されるが裏なら減免なしの選択が提示されたら，多くの人はコインを投げる方を選ぶのではないだろうか。

　プロスペクト理論では，利益としての 100 万円よりも借金の 100 万円のほうが心理的に大きく感じられてインパクトが強いために，借金や危険のような負の枠組み（フレーム）ではそれから逃れようとして賭け（ギャンブル）を受け入れるのであると説明している。

● ● ● 2-6 ● ● ●
拒否・回避動機と受容・接近動機によるリスク判断
―感情ヒューリスティックス―

　2-2 節で危険認知と利益認知のトレードオフとして述べたように，人は相反する感情を同時に持つことが困難であり，危険と利益を同時に考えることを避ける傾向がある。すなわち，対象が利益を生むと思っているときにはその危険性について考えようとはせず，また，対象が危険だと思っているときにはそれがもたらす利益については考えようとはしない。このことからさらに進んで，私たちは良いもの（好きなもの）は安全であり，悪いもの（嫌いなもの）は危険であると感情的に判断する傾向があることが指摘されている。これを**感情**

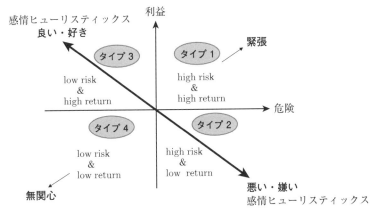

図2・4　リスクの4タイプと感情ヒューリスティックス
出典）Tsuchida(2011)をもとに作成

ヒューリスティックスという(Finucane at al, 2000; Tsuchida, 2011)。

土田(土田・伊藤，2003; Tsuchida, 2011)の図式にもとづいて感情ヒューリスティックスのメカニズムを説明してみよう。**図2・4**に示すように，横軸を危険の程度，縦軸を利益の程度とすれば，リスクはタイプ1(危険と利益が共に高い：high risk & high return)，タイプ2(危険が高いが利益は低い：high risk & low return)，タイプ3(危険は低く利益は高い：low risk & high return)，タイプ4(危険と利益が共に低い：low risk & low return)の4つに分類することができる。

さて，人は，危険に対しては拒否・回避しようと動機づけられているのに対して，安全に対しては受容・接近しようと動機づけられている。人間の行動は基本的にこの**受容・接近／拒否・回避の判断・動機づけ**にもとづいていると考えられる(Zajonc, 1980; 土田, 1992)。

そこで，タイプ2のリスクは危険が高く利益は低いのであるから拒否・回避へと動機づけられ，言語的には「悪い」「嫌い」「反対」と表現される。また，タイプ3のリスクは危険が低く利益が高いのであるから受容・接近へと動機づけられ，言語的には「良い」「好き」「賛成」と表現される。このことから，私たちはタイプ2とタイプ3のリスク判断軸，すなわち，「良い－悪い」「好き－嫌い」を基準とするリスク判断を行っていると考えられる。これが感情ヒューリスティックスである。実際，土田(Tsuchida, 2011)は，さまざまなリスク事物に対して大阪とロンドンの女子大生の回答者のうち半数以上がタイプ2かタイプ3だけで判断していたことを明らかにしている。

　ちなみに，タイプ1とタイプ4は危険と利益を同時に考慮するリスク判断であるから合理的リスク判断である。この場合，危険と利益がともに高いタイプ1のリスクを考えるときには緊張が高まり，危険も利益もないタイプ4のリスクには無関心になるので，タイプ1とタイプ4の軸は判断における緊張の度合いを示している。

2-7
知性システムにおける直感的・経験的な確率判断

　人間は確率に関して理性的判断をすることを得意とはしていない。科学的なリスク判断のためには，危険／安全と利益のそれぞれについて客観的な確率を，数学的に統計概念にもとづいて算出しなければならない。しかしながら，人間が主観的に行っている確率判断の多くは統計的な原理原則を無視あるいは逸脱しやすいことがこれま

2-7 知性システムにおける直感的・経験的な確率判断 **31**

での研究で明らかにされてきている。

　安全や危険の予測には確率判断が必要である。主観的確率判断が実際の確率とは異なっているかもしれないことに気づいていることは，安全や危険の判断をする際に重要である。

(1) 賭博者の錯誤（統計的独立の無視）

　コイン投げをして，表表表裏裏裏となる確率と，表裏裏表裏表となる確率は同じである。コイン投げでは，表になる確率と裏になる確率は投げるたび毎にいつでもそれぞれ 1/2 であり，前に投げた結果が次に投げる結果に全く影響しないからである（＝**統計的独立**）。しかしながら，人は表が何回も続いて出たら次は表ではなく裏が出るだろうと判断する。これは**賭博者の錯誤**とよばれている。同様に，宝くじで番号が 100000000 のクジと 208673594 のクジの当選確率は同じであるが，主観的には 100000000 のクジのほうが当たらないように思われてしまう。

(2) コントロール幻想

　自分で番号を選んで購入した宝くじは，自分で番号を選べなかった宝くじよりも当たる確率が高いと感じるものである。自分の思うようにコントロールできたことは，実際以上に自分の望む結果をもたらすと考える傾向が人にはあるからである。これを**コントロール幻想**という。このため，例えば，自分が運転する自動車は他人が運転するよりも安全であると感じやすい（2–2 節参照）。

(3) 少数サンプルの誤差

　ある町に大きな産科病院と小さな産科病院があるとしよう。大き

な病院では一日平均 45 人の赤ちゃんが産まれるのに対して，小さ
な産科病院では一日平均 15 人である。もちろん，産まれた赤ちゃ
んが男の子であるか女の子であるかは共にほぼ50% の確率である
が，実際には男女どちらが多いか日によってばらつきがある。どち
らの病院も産まれた男の赤ちゃんの数が女の赤ちゃんの数の 2 倍
以上だった日を男の子ディ，逆だった日を女の子ディとして記録し
てきている。さて，1 年間の記録で，男の子ディと女の子ディの数
は大きな病院と小さな病院で同じだろうか。実際には，小さな病院
のほうが男の子ディと女の子ディの数は大きな病院よりも多くなる。
サンプル数が小さいほど誤差の影響が大きくなり，確率から推定さ
れる数から乖離しやすいからである。このことは，1 日に 3 人しか
産まれないもっと小さな産科病院を考えればすぐにわかるであろう。
産まれる赤ちゃんが 3 人ならば毎日が男の子ディか女の子ディに
必ずなってしまう。

　安全や危険を予測するとき，確率で示されたような結果になるの
は多くの事例が集まったときである。少数の事例(少数サンプル)し
かないときには，誤差の影響で確率から乖離した結果が得られやす
くなることに留意しなければならない。

(4) ベースラインを無視した確率判断

　女性が乳癌に罹る確率は 1% である。さて，実際に乳癌である
者が乳房 X 線検査(マンモグラフィー)で陽性と診断される確率が
99.5% であり(つまり，見落としが 0.5% ある)，逆に乳癌ではない
者が誤って陽性と診断されてしまう確率が 0.3% あるとしよう。さ
て，この場合に乳房 X 線検査を受けて陽性と診断された女性が本
当に乳癌である確率はどの程度であろうか。

2-7 知性システムにおける直感的・経験的な確率判断 **33**

正解は次のように計算できる。女性が 10 万人いるとしよう。このなかで乳癌である者は 1,000 人である（1%）。乳癌ではない者は 99,000 人である。乳癌である者のうち検査で陽性になるのは 995 人（$1,000 \times 99.5\%$），乳癌ではない者のうち検査で陽性と診断されるのは 297 人（$99,000 \times 0.3\%$）である。したがって，検査で陽性とされた者のうち本当に乳癌に罹患している確率は，$995 \div (995 + 297) = 77.0\%$ である。つまり，この例では，検査で陽性と診断された者が乳癌でない確率が 23.0% なのである。乳癌ではない者が誤って陽性と診断されてしまう確率が 0.3% であるのに，どうして陽性と診断された者の 23.0% が本当は乳癌ではないとの結果になるのであろうか。それは，乳癌患者がもともと 1% と全体から見れば少数だからである。女性全体のなかにおける乳癌患者というベースラインがごく少ない場合にはこのような現象が生じる。人はベースラインを無視して確率判断をしやすいのである。

このような事例で誤診を防ぐには，最初の検査だけでなく重ねて新たな精密検査を行うことが重要である。検査を 2 回以上行えば誤診の可能性は低くなる。この例での検査では乳癌陽性と判定された者が乳癌ではない確率は 23%（$= 0.23$）であったが，乳癌ではない者がこの検査を 2 回受けて 2 回とも陽性と判定される確率は $0.23 \times 0.23 = 5.3\%$ である。2 回目が精密検査であれば誤診の確率はさらに低くなると期待できる。

ギーゲレンツァー（Gigerenzer, G., 2002）によれば，このような問いに正解できた医師はほとんどいなかったとのことである。いわゆる専門家であってもいつも正しく確率判断ができるわけではない。人間の思考がもともと確率判断に適していないことに留意しなければならない。

2-8

おわりに

　リスクを可能な限り客観的に正確に認識しようとすることは，人間にとって心理的にとても負担の重いことである。まず，リスクを構成する要因が，危険と利益，それらの大きさと確率と，多岐にわたり，なおかつそれぞれの要因に関係するデータが多数であることが一般的であることから，処理しなければならない情報量が膨大となる。さらに，危険認知と利益認知のトレードオフと感情ヒューリスティックスで説明したように，私たちは相反する感情を同時に持つことが困難であるため，危険と利益を同時に考えること自体が負担である。そのうえ，私たちの脳は確率を処理するのが得意ではない。

　とはいえ，リスクあるいは安全／危険を認識することは，私たちの生活，人生，社会にとって必要なことであり避けることはできない。そこで，人間はリスクあるいは安全／危険を認識するのにより心理的負担の軽いやり方，すなわち，ヒューリスティックスを身につけてきた。ヒューリスティックスを用いることで，心理的負担はより軽く，処理する情報量はより少なく，環境に対してより素早く対応することができるが，ヒューリスティックスは一部の客観的データを無視したり，直感や感情のシステムに頼る思考（＝カーネマンのいう「速い思考」）にもとづくためさまざまなバイアス（認識の偏り）が生じやすく，かつ，無意識になされたヒューリスティックスでは自分の認識にバイアスがかかっていることに気づくことすらない。

　心理学におけるリスク認知研究は，人間がリスクを認識するとき

に用いているヒューリスティックスを指摘してそのメカニズムを解明することが主たる目的である。それによって人間のリスク認知におけるバイアスも明らかにされる。

また，リスクあるいは安全／危険を認識することは，人間の営みの基本であると考えることもできる。このような観点に立てば，社会心理学を中心とした心理学の多くの理論・モデルはリスク認知・判断のヒューリスティックスとして説明し直すことができる。実際，ヨーロッパの学会では 126 ほどの心理学の理論・モデルがリスク認知・判断に関連するとして議論されている (e.g. Society for Risk Analysis Policy Forum (2017) in Venice, Italy)。

◀ **ま と め** ▶

❑ リスクを合理的に判断することは人間の日常生活における認知能力を超える課題となり，認知的過負荷が生じやすい。そのため，人はより簡便な方法(ヒューリスティックス)によってリスクを認知している。

❑ 危険についての認識にはさまざまなバイアスがかかっている。

❑ リスク認知と判断には，感情的・直感的な認識プロセス(速い思考)と熟慮的認識プロセス(遅い思考)がある。これを二重過程モデルという。

❑ リスク認知は，状況のフレーム(文脈)に影響される。これをプロスペクト理論という。

❑ 人は，好きなもの・正しいものは安全であり，嫌いなもの・悪いものは危険であると認識しやすい。これを感情ヒューリスティックスという。

❑ 人間にとって確率の判断は苦手である。いわゆる専門家であっても正しい確率判断ができないことがある。

◀より進んだ学習のための読書案内▶

カーネマン, D.／村井章子(訳) (2014). 『ファスト＆スロー：あなたの意思はとのように決まるか？(上・下)』 早川書房(ハヤカワ・ノンフィクション文庫)

☞認識や判断のプロセスを，直感的・経験的プロセス［速い思考(ファスト)］と熟慮的・論理的プロセス［遅い思考(スロー)］に分けて，わかりやすく解説している。

ダマシオ, A.／田中三彦(訳) (2010). 『デカルトの誤り：情動，理性，人間の脳』 ちくま学芸文庫

☞脳生理学の立場から脳と身体の関係を論じる中で，認識や判断のプロセスを感情(情動)的プロセスと理性的プロセスに分けた深い考察をしている。

ギーゲレンツァー, G.／吉田利子(訳) (2010). 『リスク・リテラシーが身につく統計的思考法：初歩からベイズ推定まで』ハヤカワ文庫

☞統計学についての啓蒙書であるが，日常生活において私たちが統計的な発想を理解していないためにいかに不合理な判断をしているかを教えてくれる。

3章

人的災害とヒューマンエラー

リスクに適切に対応するために

◀キーワード▶
ヒューマンエラー,ヒューマンファクター(ズ),局所的合理性

3-1
事故・災害と人的リスク

(1) 日常生活における事故・災害

 残念なことではあるが,日々の報道に事故や災害の記事が見当たらない日はほとんどない。事故・災害の規模も深刻さの程度もさまざまであるが,ほぼ毎日のように,私たちの身近なところで複数の事故や災害が発生しているのが現実である。そしてまた,これら事故や災害の原因もさまざまである。

 技術的な発展の途上においては,機器の突然の故障やトラブルが大きな事故・災害へと発展することは珍しいことではないが,技術的発展が成熟期に入ると,事故・災害の発生と対策も概ね一巡し,

予見できないような故障やトラブルが事故・災害へとつながることは少なくなるのが一般的である。苦い経験を積み重ねることで対応の仕方を学習・蓄積し、徐々に対策が充実してくるためである。その結果、我々の生活は便利で機能的なモノに溢れ、特に都市部においては極めて高密度・高効率な日常を実現することが可能となってきた。しかし、高い利便性と機能性に囲まれた日常と引き換えに「安全」を放棄してはいないはずなのに、あるいは、「リスク」を受け入れているつもりはないはずなのに、冒頭で述べたように、事故や災害の発生も日常的になっているのはなぜなのだろうか。

(2) 人間側の原因

利便性と機能性の高まりに伴う事故や災害、あるいはインシデントの増加に対応するかのように注目されるようになったのが、「ヒューマンエラー」である。ヒューマンエラーという概念が一般的になるにつれて、妥当性はさておき、多くの不可解な事故・災害の原因がまことしやかに「明らか」にされるようになった。なぜならば、せっかくの安全装置を無効にしてしまうことも、定められた安全手順を無視することも、必要のない余計な操作を行って安全な状態を崩してしまうことも、ヒューマンエラーはいとも簡単に実現する、と捉えられたからである。いうなれば、機器や道具等のハードウェアにもマニュアルや手順といったソフトウェアにも、管理やマネジメントにも何ら問題がなかったにもかかわらず、そこで行動する人間が必要なことをきちんとやらなかったり、あるいは不必要なことをやったりすることで不具合を生じさせるような、あるいは、人間が思わぬミスをしたり思いがけない行動をとったりすることで安全が保たれなくなり事故や災害につながったようなケースにおいて、

「人間側の原因」が広く「ヒューマンエラー」として捉えられるようになった。その結果，"なぜ当事者が(場合によっては，"なぜ自分自身が")，あんな判断・行動をしでかしたのか理解に苦しむ"といった場合でも，"ヒューマンエラーだったから…"という説明が説得力を持つようになったのである。

(3) 人的リスクとしてのヒューマンエラー

多くの場合，こうした「人間側の原因」は，より単純に表現される。「…し間違えた」「…し損なった」「…に失敗した」「…に気付かなかった」「…をし忘れた」「…を抜かした」「不適切な…をした」「余計な…をした」「異なる…をした」「…(知識，技能，理解等)が不足していた」「…を無視した」「…を軽視した」「…を過信した」等々である。こうした人間が"しでかす"さまざまな失敗やミスは，大災害や大事故にのみ存在するわけではなく，日常生活においても度々生じていることを私たちは経験的に理解している。「ヒューマンエラー」という用語が比較的スムースに一般的に用いられるようになったのは，誰しもが経験していながらも上手く説明できない人間のミスや失敗を，うまく説明できる概念として理解されたから，ともいえよう。かくして，事故・災害の「人的リスク」の代表として「ヒューマンエラー」が位置づけられるようになった。

3-2
原因としてのヒューマンエラー

(1) ヒューマンエラーのさまざまな捉え方

かつては，新聞の紙面に「○○で大事故，原因はヒューマンエラ

ーか！？」といった見出しが踊ることがあった。いつしかこうした見出しを目にすることも少なくなり，最近は，報道の解説でも「ヒューマンエラー」といった用語が前面に出てくることは稀である。一方で，事故・災害の防止に携わる立場で「ヒューマンエラー対策」に頭を悩ませた経験はゼロ，という担当者は，おそらくいないだろう。原因が明らかなのであれば対策は自ずと導かれそうなものだが，以前から「原因はヒューマンエラー」と指摘されながらも，対策に頭を悩ませる事態が続いているのはなぜだろうか？

　前述のとおり，大事故に限らず日常生活においても「ヒューマンエラー」を経験することは少なくない。しかし，「ヒューマンエラーとは何か？」という問いに，明確に答えることはそれほど容易ではない。その理由の一つが，「ヒューマンエラー」という概念そのものについて，これまでにいくつもの定義・分類がなされており，未だに整理されないまま，それぞれが混在している状況が続いているためである。あるところではヒューマンエラーを「現象面」から分類・定義し，また別なところでは「心理面」から分類・定義し，さらに別なところでは「対策面」から分類・定義し…といったように，分類・定義が混在しているため，専門家といわれる立場の間でも意見が分かれるのである。加えて，ヒューマンエラーを事故・災害の「原因」と捉えると，ヒューマンエラーを正しく理解できなくなるばかりか，効果的な対策の立案に支障をきたすことにつながる。

(2) 具体的な事故例

　一例を挙げて考えてみたい。あるドライバーが，赤信号であったにもかかわらず交差点に進入し，交差側を走行してきた別な車と衝突する事故が起きた，とする。事故の原因を明らかにするため，さ

まざまな調査が行われる。信号機が点いていなかった，車のブレーキが効かなかった，といった故障や，路面が滑りやすい状態だった，といった不具合は見つからない。当時の気象・天候にも道路線形にも，信号に対する視認性を阻害するような要因はない。赤信号では交差点に進入しないとする交通ルールも，以前から広く周知され運用されているものである。事故の当事者はきちんと教育とトレーニングを受けてライセンスを有しており，相応に運転経験もあるため，運転技能が未熟だったとも考えにくく，過去の事故歴もない。事故発生当時の周囲の交通状況についても，運転者の注意を偏らせるような特段の要因は見当たらない。いうなれば，信号機・車・道路といったハード面にも，ルールや経験・技能といったソフト面にも，ルールや教育といったマネジメントの面にも，事故原因につながるような要因は見当たらないのである。なぜありきたりの交差点で，普通に運転しているだけでは起こりえないような衝突事故が起きたのか，まるで見当がつかないまま運転者本人に尋ねてみたところ，「信号を見落としていました」との答えが返ってきた。すなわち，ハード・ソフト・マネジメントのいずれにも問題はなく，車を運転してその交差点を通りかかった人間が，きちんと認識すべき赤信号を「見落とし」ていたがために交差点に進入し，事故につながったのである。これは，前述した"人間がしでかしたヒューマンエラー"の典型だろうか。

(3) 類似した事例の場合

　では，類似してはいるが，異なる例についても考えてみたい。前述した衝突事故と同じように，あるドライバーが赤信号を見落として交差点に進入したが，交差側を走行する車両がいなかったため，

事故を起こすことなく交差点を通過した。信号を見落としたことに気づいたドライバーは慌てて車を停車させ後方を振り返ると、やはり今しがた通過した交差点の信号は赤だった、というケースもあるだろう。もしかしたら、見落としたことに気づくことなく、そのまま走り去るドライバーもいるかもしれない。また別なドライバーは、目の前の交差点にある青信号を見落としたまま交差点に進入することもあるかもしれない。いずれの場合も「見落とし」が生じているが、これらは衝突事故のケースと同様の「ヒューマンエラー」なのだろうか。

　ここでもう一度、「ヒューマンエラーとは何か？」という問いに戻ろう。スウェインとガットマン（Swain, A. D. & Guttmann, H. E., 1980)は、ヒューマンエラーを「システムによって定義された許容限界を超える一連の人間行動」としている。信号機という道路交通システムによって定義された許容限界とは「赤信号では交差点に進入しない」ことであり、その限界を超える一連の人間行動は「ヒューマンエラー」と解釈される。こうした解釈で何ら問題はないように思えるが、うっかり信号を見落として赤信号の交差点に進入した場合も、意図的に信号を無視して交差点に進入した場合も区別なく「ヒューマンエラー」として解釈が成り立つ点に注意する必要がある。行為者の意図とは無関係に「赤信号にも関わらず交差点に進入した行為」を「ヒューマンエラー」として捉えることになれば、行為者の動機や心的プロセスは考慮されない。さらに、うっかり信号を見落とした場合も意図的な信号無視の場合も、同一の「ヒューマンエラー」とみなされれば同一の再発防止対策が当てはめられがちであるが、もともと性質が異なる行為・行動なのだから、防止対策の効果は期待できない。

加えて，「定義された許容限界を超える行動」が問題の発端であるなら，「限界を超えないようにすれば良い」というロジックが成り立つ。誤った操作内容や手順を受け入れないようにする「**フェイルセーフ**（fail safe）」や，万が一故障が起きた場合には安全側に倒れるように設計された「**フールプルーフ**（fool proof）」といった機能がこれに該当し，正しく機能する限り，そのエラー防止効果は極めて高い。

(4) 従来の対策の成果

一方で，許容限界を超えないようにするために，より簡単に低コストで実現できるのは，「エラーをするな！」「注意しろ！」「気を付けろ！」と，繰り返し注意喚起することである。時には「エラーをするのは当事者のモラルが低いためだ」として，個人の責任追及に終始する場合もある。いずれもエラーの再発防止にはほとんど有効ではないにもかかわらず，こうした対応に留まるケースは極めて多い。職場を中心として巷で展開される「ヒューマンエラー撲滅運動」もこうした流れを汲むものと考えられるが，残念ながら，ヒューマンエラー撲滅に成功した事業場は，筆者の知る限り，一つもない。

このように，「ヒューマンエラー」を事故・災害の「原因」と捉え，原因を排除することによって事故・災害の再発防止を図ろうとする取り組みは，恐らくは「ヒューマンエラー」という概念が生まれて以降，現在に至るまで続けられている。しかし，これまで成果をあげることはほとんどなかった，と言っても過言ではない。ヒューマンエラーを事故・災害の「原因」と捉える限り，今後も同様に，再発防止につながることはないだろう。

3-3
結果としてのヒューマンエラー

　ヒューマンエラーを撲滅し，事故・災害の再発防止を図ろうとするいくつもの取り組みが行われてきた中で，当然ながら，こうした対策がなぜ成果につながらないのか，という疑問も呈されてきた。そして，スウェインとガットマン(1980)以降も，ヒューマンエラーをどのように捉えるべきか，対策はどうあるべきか，という議論は続いてきた。

　リーズン(Reason, J., 1990)は，ヒューマンエラーを「計画された心理的・身体的過程において意図した結果が得られなかった場合を意味する用語」としている。意図的な信号無視の場合，ドライバーの意図は赤信号であっても交差点に進入し通過することであり，その意図通りに行動するのであれば，「意図した結果が得られなかった場合」とはならない。すなわち，ヒューマンエラーではない，ということになる。同様に，黒田(2001)は，ヒューマンエラーとは「達成しようとした目標から，意図せずに逸脱することになった，期待に反した人間の行動」と定義しており，ここでも行為者の「意図」が取り上げられている。また，臼井(1995)は，「同じ形態の行動であっても，システムが許容する範囲によっては，結果的にヒューマンエラーとなる場合もならない場合もある」と説明する。さらに，「ある行動をそこでの外部環境や状況に求められる基準と照合し，許容範囲から外れていた場合に命名される結果としての名称」がヒューマンエラーであり，「何も特別で異常な性質を持った行動を意味しているわけではない」と補足する(臼井，2000)。

　こうした定義・説明からは，

- 行為者の意図・目標が何であったのか？（− どのような"意図からの逸脱"があったのか？）
- 期待していた結果と行為の結果との間には，どの程度のズレがあったのか？
- （環境や状況を含む）システムの許容範囲はどうだったのか？

…といった点を把握しようとしなければ，何をヒューマンエラーとして捉えるべきかが明確にならない，ということを読み取ることができるだろう。さらに，ヒューマンエラーとは「結果としての名称」とされている点に注目したい。これは，前述した「ヒューマンエラー＝原因」とする捉え方とは対照的であり，ヒューマンエラーという「結果」に至るには，何らかの「原因」が存在することを意味する。この「原因」を突き止めなければ，効果的な再発防止策を講じることは困難なのである。

「ヒューマンエラーとは，"原因"ではなく"結果"である」とする捉え方は，ヒューマンエラーの対応に頭を悩ませる人々にとって，極めて画期的といえるだろう。しかし，「ヒューマンエラー＝原因」とする捉え方が一足先に一般的になったこともあって，とりわけ事故・災害の防止を担う最前線においては，現在でも「ヒューマンエラー＝結果」とする捉え方は浸透していないのが現実である。結果として，「エラーをするな！」「注意しろ！」「気を付けろ！」といった注意喚起が精一杯の対策，とみなされていることにもつながってしまっているのではないだろうか。

3-4
局所的合理性の把握

(1) 人間にとっての合理性

ヒューマンエラーを正しく理解し効果的な対策につなげるためには，**局所的合理性**という概念が重要となる。

何らかのリスクに関わるような重要な場面でなくとも，ありきたりの日常生活においても，私たちは五官を通じて外界からさまざまな情報を入手し，知識や記憶に蓄えられた情報とも併せて処理を行い，判断・行動するというプロセスを繰り返している。意図的に情報を収集・処理し，判断・行動につなげる場合でも，無意識のままの何気ない仕草でも，基本的にこのプロセスに違いはない。そして多くの場合，我々の判断・行動は，可能な限り効率的・効果的に実行されようとする。すなわち，同じ成果・結果になるのであれば，可能な限り労力・エネルギーをかけることなく目標に到達するように調整される。同様に，同程度の労力・エネルギーを費やすのであれば，できる限り高い成果が得られるように調整される。すなわち，我々の判断・行動は，行為者の意図や行動の目標，その時々の環境や状況に応じて，できる限り合理的なものとなるように調整が図られる。行為者自身が自身の行為を意識しているかどうか，背景にある合理性を意識しているかどうか，といった違いはあるにせよ，何ら意味もなく行動として発現することは稀である。ただし，ここでいう「合理的」とは，万人にとって，いかなる条件・状況においても合理的というわけではなく，少なくともその状況下にある行為者自身にとっては合理的であるに過ぎない（**図 3・1** 参照）。こうした意味で，デッカー（Dekker, S., 2010）はこれを**局所的合理性**と表現

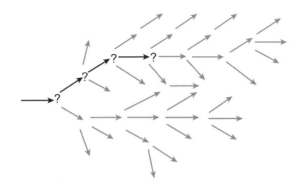

図 3·1 当時の状況にある当事者の見方（概念図）
出典）中村(2013)
　当事者は，自らの行動がどのような結果となるのかを予め完璧に把握することはできないまま，タスクの完了に向けて，情報を処理し，判断し，行動するというプロセスを繰り返す。

した。事故・災害・インシデントが発生し，その原因を探ろうとする場合にも，さらにはヒューマンエラーを理解しようとする場合にも，この局所的合理性を念頭に置く必要がある。

(2) 結果から遡る原因追及

　原因を探ろうとする側は，ほとんどの場合，"どのような結果となったのか"を知っている立場にある。この「結果」を出発点として時系列を遡りながら，どの時点で，何がおかしくなったのか，という要素を拾い上げ，つなぎ合わせていく。これらの要素を論理的に整合性が取れるように整理すれば，災害・インシデントが，どのような要素から構成され，最終的な"結果"へと発展したのかというストーリーを明らかにすることができるようになる（図 3·2 参

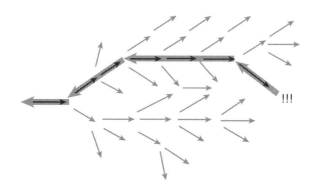

図 3·2　結果を知る立場からの見方(概念図)
出典）　中村(2013)
　全体を俯瞰し，時間の流れを遡りつつ，当事者がどこの分岐点でどのように誤った選択をしたかを拾い上げ，すでにわかっている結果，すなわち不具合に向けてどのように事象の連鎖が作られたのかを説明する。

照)。

　「ヒューマンエラー＝原因」とする捉え方でも，「原因を追究する」という観点では，同様に，「結果」から時系列を遡るルートを辿ることになる。いくつもの選択の機会があったはずなのに，なぜ当事者は望ましくない結果となる選択ばかりを繰り返してきたのかを指摘することは，それほど難しいことではない。ただしこれは，結果を知っている立場から「後付け」で時系列を遡るからこそ，可能なのである。事故や災害を意図的に起こそうとしない限り，誰もが事故や災害といった結果を望んではおらず，そうした結果につながることが予め把握できていれば，そうした結果につながるような選択は避けるからである。しかし現実には，我々はある程度の予測・予想をすることはできても，ごく近い未来でさえ完璧に把握す

る能力を持ち合わせてはいない。そのため，「達成しようとした目標」に向けて正しく行っていたはずの行為が「意図せずに逸脱」し，「期待に反した」結果となってしまうことがある。逸脱の程度がわずかであれば，あるいは周辺の状況や環境を含めたシステムの許容範囲に逸脱の程度が収まっていれば，「期待していた結果」と「行為の結果」との間に多少のズレが生じたとしても，大きな問題とはならない。逸脱の程度がわずかであっても許容範囲が狭ければ，わずかに異なるだけの同じような行動でも，重大な問題となる場合もあれば，ならない場合もあり得るのである。

(3) 「後付け」は妥当か

「ヒューマンエラー＝原因」とする捉え方では，事故や災害の原因がヒューマンエラーであったことが明らかになれば，それで結論は得られる。しかし，望ましくない結果に至るまでに通過してきたいくつもの分岐点においてなぜその選択が誤っていたのかを，時系列を遡りながら「後付け」で解説しても，かつてその状況にあった当事者にとっては必ずしも妥当な内容とはならない。一方で，「ヒューマンエラー＝結果」とする捉え方では，どこに，どんなヒューマンエラーがあったのかを見つけ出すことは，出発点に過ぎない。むしろ，その分岐点においてなされた選択が，その状況にあった当事者にとってなぜ合理的であったのかを，当事者の立場で理解しようとすることが必要であり，真に何が問題であるのかを把握するために不可欠なプロセスなのである。

3-5
ヒューマンエラーとヒューマンファクターの関係

(1) ヒューマンファクターとは

　当事者にとっての**局所的合理性**を理解する上では，ヒューマンファクターに関する知識を持つことが重要となる。

　ヒューマンファクターとは，「機械やシステムを安全に，しかも有効に機能させるために必要とされる，人間の能力や限界，特性などに関する知識の集合体」（黒田，2001），「人間の作業，仕事などの活動に影響を及ぼす，個人的および個人に影響を与える集団・社会的要因」（長山，2000）など，ヒューマンエラーと同様にいくつもの捉え方がなされている。さらに，「ヒューマンファクター」の場合には文字通り個々の人的要因を，「**ヒューマンファクターズ**」の場合には一種の知識体系を指すものとして区別する場合もある（河野，2006）。ここではヒューマンエラーとの関係に焦点を当て，単純に「人的要因」ないしは「人間が本来有しているさまざまな特性」と考えたい。

　例えばオフィスで，デスクに向かいいつも通りの仕事をしている最中に，あるいは教室で，いつも通りに講義を受けている最中に，突然，出入り口のドアがけたたましい音を立てて開いたとする。そこに居合わせた人々は，どのような反応を示すだろうか。多くの場合，「驚き」という感情が生起するが，同様に，音がした方向に視線を向け，何が起きたのかを確認しようとすることだろう。このように，外部に何らかの"刺激"が呈示されると，そちらの方向に"注意"を向けるような行動をとる。このような"反応"を**定位反応**または**定位反射**という。

3-5 ヒューマンエラーとヒューマンファクターの関係 **51**

　人間が五官から取り入れ利用しているさまざまな情報の中でも，視覚情報は最も大きな割合を占めており，人間にとって重要性が高い，と言われる。そのため，新奇な刺激が身近に現れると，反射的にその刺激が存在する方向に視線を向け，その新奇刺激が何であるのかを視覚的に確認しようとする。かつて人類がこの地球上に誕生したころは，食物連鎖の関係において，人間は捕食される側でもあり，身のまわりに生じる危険をいち早く察知し，素早い対応が必要だったからである。こうした定位反射は，人間であれば誰もが有している当たり前の特性の一つであり，通常は，身近に発生した危険事象などをいち早く察知し対応するために必要な特性である。

　一方で，例えばわずかな事象でも見逃してはならないレーダー監視タスクなどを行っている最中であればどうだろうか。背後で突然，尋常ならぬ大きな音がすれば，自ずとそちらへ視線を向けて，何が起きたのか，視覚的に確認しようとすることになるだろう。しかし，音源に視線を向けて確認している最中は，肝心の監視タスクは疎かにならざるを得ず，場合によってはレーダー画面に映し出されたターゲットを見逃すことにもなるかもしれない。

(2) 人間の特性

　このように，ヒューマンファクターとは，人間の生存に必要な特性であるとともに，その時々の状況やタスクの内容によっては，ヒューマンエラーの原因ともなり得る特性でもある。

　ターゲットの見逃しを防止するために，"レーダー監視タスクの最中は，定位反射が起きないようにしろ"と求めてみても，ナンセンスである。人間が本来有している特性を意図的に変えることは，自然界における法則を意図的に変えるのと同じくらい，容易ではな

いからである。しかしながら，こうしたヒューマンファクターを踏まえた上でヒューマンエラーが論じられることは，これまであまり行われてこなかった。科学技術の進展に伴い高効率化・高密度化が求められる風潮はますます高まっているが，その前提にあるのは，"人間は，求められたすべきことを間違えることなくキチンとする"ことである。その要求内容がヒューマンファクターの観点から人間の特性にそぐわないものであるか否かが，十分に考慮されないのであれば，どれほど能力が高く，やる気に満ちた人物でも，いずれはエラーを起こすことになり，そのエラーばかりが注目されることになる。

確かに人間は，精密機械にも達成できないような優れたパフォーマンスを発揮できる側面を持っている。しかし人間は，常にそのパフォーマンスを維持できるような仕様にはなっておらず，生理的・心理的にも常に変化する存在である。ある時点で発揮された優れたパフォーマンスをスタンダードとして，そのパフォーマンスを常に発揮するように求められても，人間の特性上，不可能なのである。言い換えれば，人間の特性を考慮しないまま設定されたタスクに対しては，どれほど真剣に全力で取り組もうとも，それほど優れた能力を持つ人材であろうとも，常に成功させることは不可能なのである。

これまでのヒューマンエラー対策がうまく機能しなかった背景には，こうしたヒューマンファクターへの理解不足もあるのかもしれない。人間が元来有しているさまざまな特性は，人類誕生以来それほど大きく変わってはいないが，人間を取り巻く環境は，社会全体のレベルで，劇的かつ急速に広範囲にわたって変化している。人間が本来持っている特性とこうした変化との間に，どのような齟齬が

3-6 ヒューマンエラーの社会的要因 **53**

存在しているのかを十分に考慮しないままにすれば，安全を目指したはずの諸々の対策も，新たな問題につながることになるだろう。

●● 3-6 ●●
ヒューマンエラーの社会的要因

(1) 他者とのかかわりにおけるヒューマンエラー

　ヒューマンエラーは個々人に限られた現象ではない。複数の人間が関わるのであれば，人と人との相互作用の中でも生じうる。情報伝達の場面において生じる「誤解」や「誤伝達」は「**コミュニケーションエラー**」と表現されることもある。航空機の操縦士・クルー・管制といった関係性，あるいは医療場面等での医師と看護師といった関係性においては「**チームエラー**」が注目される。さらに広範囲に捉えれば，組織の運営や運用，組織文化とのかかわりでは「**組織エラー**」とみなされるものもある。

　このように，複数の人をはじめ，他のさまざまな要因との関係は，「**SHEL モデル**」(Hawkins, 1987)に示される。SHEL モデルにおいて，「S」は software，「H」は hardware，「E」は environment，そして「L」は liveware を示す。ある人間(L)が中心に位置し，ソフトウェア，ハードウェア，環境，そして別な人間(L)がその周辺を取り囲み，相互に影響を及ぼすというものである。このモデルでは，エラーとは人間(L)とそれを取り巻く他の要素(S, H, E, L)との接点に不整合があるときに起こりやすい，とすることから，各要素間の境界線は波線で示されている。システムの構築においては，こうした不整合を十分に考慮し，予め対策を講じることが必要となる。

　SHEL モデルに，全体を統括する管理要素(management)を加え

た発展型が「m-SHELモデル」(河野, 2004)である。さらに, 篠原ら(2013)は, m-SHELモデルを拡張した「m-SHEL-Sモデル」を提案している。

(2) m-SHEL-S モデル

図3・3は, m-SHEL-Sモデルである。ベースとなる「SHELモデル」は図の中心部分(S, H, E, L, L)であり, これらを取り巻く管理要素として「m」が加えられたものが, 図中の破線で囲まれた部分に示される「m-SHELモデル」である。m-SHELモデルは, 基本的に, 組織の中で行動する人間とその人間を取り巻く要素との関係を示している。それに対し, m-SHEL-Sモデルでは, ヒューマンファクターズ研究の新たな領域として「L-(m)-Society」の関係に注目する。図中のジグソーパズルの1ピースが示すのは一つの組織であり, 隣接する他のピース群が社会を表す。その組織の活動内容や目的, 設立の経緯などの諸条件に応じて, 実際の1ピースの形はもっと複雑かもしれない。それぞれのピースの境界線も一様ではなく, 隣接するピースとの間で不整合が生じることもある。

ある組織がパズルにぴったりとはまり込んでいる場合は, その組織が周囲の組織や社会と良好な関係にあることを意味する。一方, その組織自体に何らかの問題があったり, 周囲のピースとの関係が悪化したりすると, 自組織に対する周囲からの圧力が高まり, パズルの外へはじき出されることになる。自組織には何ら問題はなかったとしても, 隣接するピースが脱落するような事態が生じれば, 自組織も支えを失いパズルからこぼれ落ちることになる。さらに, 隣接しない離れた場所にあるピースで何らかの問題が起きた場合でも, 連なる複数のピースを媒介して, 思いがけない影響が伝播してくる

3-6 ヒューマンエラーの社会的要因

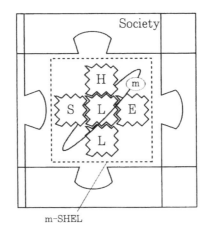

図 3・3　m-SHEL-S モデル
出典）篠原(2013)

場合がある。つまり，いかなる組織であろうとも周辺社会と密接な関係にあり，良好な関係を保ち続けることができなければ，安定的な存続は難しいことになる。その意味で，存続する組織はそれぞれに，社会的責任と役割を担う存在である，と言える。

パズル内のピース間のコミュニケーションは，組織のマネジメント上の課題であり，組織的に実行されるのが基本である。一方，組織の方針に基づいて具体的なコミュニケーションを行うのは，組織の成員である「個々人」となる。すなわち，"組織の中の人(L)が，管理要素(m)の介在のもとに社会(Society)と関係をもつ，という意味"で，篠原ら(2013)は「L-(m)-Society」と表現している。

企業活動を始めとする経済活動は，ますますグローバル化へと向かい，効率化と生産性向上への要求は高まる一方である。こうした変化に伴い，かつては個々人レベルで論じられるに過ぎなかったヒ

ューマンエラーは，集団的・組織的レベルでは，より広範囲で深刻かつ重大な結果につながることが，しばしば明らかにされてきた。こうした観点からは，ヒューマンエラーは社会的課題にも発展し，社会的なスケールでの対応が必要となっているのである。

3-7
事故・災害の防止に何が必要か

現代生活におけるさまざまな利便性を手放すことなく，身近に存在するエラーやリスクのみをなくそうとしても，両立は極めて困難である。むしろ，一体エラーやリスクというものが何であるのかを理解しようと努め，制御することを学んだ方が，建設的であるとともに，効果的であろう。そのための具体的な着眼点として，以下が重要となる。

一つ目は，「人間の特性を踏まえたタスク（課題）の設定と環境の整備」である。日常生活でも仕事の一環でも，我々はさまざまなタスクに取り組み，処理するプロセスを繰り返している。人間に求めるべき，あるいは人間が担うべき課題には，「やり甲斐」や「達成感」「充実感」といった複雑な感情が伴うこともあり，単に解決の容易さや省力化だけで「タスクの適切さ」を判断することは難しい。さらに，人間の状態は移ろいやすく，概ね一定の範囲内ではあるが，常に変化する。行き過ぎた「効率化の追求」や「生産性の向上」は，しばしばこうした人間の特性を無視し，環境整備の手間と費用を人間の「柔軟性」に押し付けてきた，という側面は否定できない。確かに，人間の特性のすべてを把握し考慮すること自体が難題ではあるものの，「エラー」にばかり注目し「人間」を置き去りにした対

策となっていないか，従来の対策を再考する価値はあるだろう。

　二つ目は，人間が有する特性は，人類が地上に誕生して以来，大きく変化してはいないが，周辺の環境や状況は，科学技術の進展に典型的に表れているように，極めてダイナミックに，かつ広範囲に渡って変化し続けている，という点である。我々はその恩恵を存分に享受する一方で，身近な機器や装置，システム一つをとっても，その仕様や特性を存分に理解し使いこなすことができているかどうかは，はなはだ疑問でもある。一般市民が容易に理解できるレベルをはるかに超える技術が身近に溢れているという現実がある一方で，これら技術がリスクに対して無頓着であって良いのか，という問題は，時に感情的な議論に終始する場合もある。技術も機器も装置も，基本的には人間にとって都合の良いように創り出されたものである。発明者や製造者に対して一定の責任が問われることは間違いないが，それらを利用し恩恵を受けるユーザー（使用者）の側にも，機器や装置，システムの特性を踏まえた意思決定や判断，行動についての自覚が求められるべきであろう。

　もとより，天候や気象，天変地異は，人類の英知が及ばぬものであり，予測の精度は向上しても，完璧に制御するには至っていない。一方で，さまざまな予測技術が高度化する以前には，人間は全く無力だった，というわけでもない。五官を通じてさまざまな情報を読み取り，知識・経験とつなぎ合わせることで，局所的ながらもかなり高精度で身のまわりの環境や状況の変化を予測し，その後の自身の行動に反映させる能力を持ちあわせていたのである。無論，現在でも，人によっては，こうした能力は，タスクの遂行に留まらず自身の「身の安全」を確保する上でも必要不可欠である。しかしながら一般市民の多くにとっては，空調が整った室内で情報端末に囲ま

れ，デリバリーサービスにも事欠かない状況に置かれていれば，すべてが思い通りにはならないとしても，周辺の環境や状況から微細な変化を読み取る必要はなく，「身の安全」を危惧する必要もない。これは，さまざまな大自然の驚異に晒され，多くの犠牲の上に人類が獲得した理想の姿である一方で，科学技術がますます発展するこれからの社会において創り出されるリスクとヒューマンエラーの脅威に，怯え続ける姿とも重なりはしないだろうか。技術やシステムから提供される利便性や効率性を手に入れる代わりに，人類が，身近な環境や状況がもつ特性や変化に対する感受性と対応能力を放棄しようするならば，事態はさらに悪化する方向へと向かうだろう。むしろ，かつて，大自然の中でその一部として生きてきた人類が自然環境の特性と微細な変化に敏感であったのと同様に，人工物と科学技術に囲まれてしか生きることができない人類は，その環境・状況に応じた感受性と対応能力を磨こうとする必要があるのだろう。

◖ま　と　め◗
□「ヒューマンエラー＝事故・災害の原因」とする考え方では，真の原因究明にはつながらず，再発防止対策として機能しない。
□当事者にとっての局所的合理性を当事者の立場から把握しようとすることが解決のために重要である。

◖より進んだ学習のための読書案内◗
シドニー・デッカー／芳賀　繁(訳)（2009）.『ヒューマンエラーは裁けるか―安全で公正な文化を築くには』東京大学出版会
　　☞誰もが犯しがちな些細なエラーが，どのような経緯をたどって重大な事態へと発展してしまうのか，また，そのエラーに対し，どのようにして責任と過失が問われるのかについて，具体的な事例に基づき解説する．エラーの本質を見据え，どのようにエラーに対応すべきかを考える上で貴重な視点を与えてくれる。

4章

災害の心理

災害リスクとのつきあい方を考える

◀キーワード▶
緊急時の避難,災害リスク認知,防災行動,心的外傷後ストレス

4-1
はじめに

　日本は,地形的,気象的,そして社会的な要因によって,地震,台風,豪雨,豪雪,火山噴火などによる自然災害が発生しやすい国である。1950年代までは毎年のように自然災害によって多くの人命や財産が失われてきた(図4・1)。そして,1958年の狩野川台風と1959年の伊勢湾台風によって甚大な被害が発生したのを契機に,国として災害対策を推進するために災害対策基本法が制定された。これによって,治山治水などの国土保全事業の積極的な推進,気象観測施設や設備の充実,予報技術の向上,災害情報伝達手段の発展および普及などが進み,死者・行方不明者の数は著しく減少した。このため日本ではもう1,000名を越える死者が出るような自然災害

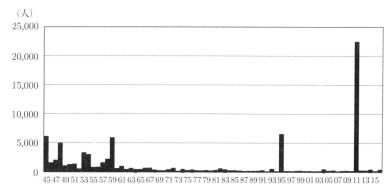

図 4·1　わが国における自然災害による死者・行方不明者数
出典）　防災白書(2017)などをもとに作成

は発生しないと考える研究者も多かった。しかし，科学技術によって災害を完全に制御できるようになったわけではなかった。1995年1月17日の阪神・淡路大震災では，多くの研究者の予想をはるかに超える大きな被害が発生し6,400名以上の人命が失われた。また，2011年3月11日の東日本大震災でも22,000名を越える死者・行方不明者が出てしまった。このようにさまざまなリスクの中でも自然災害のリスクに対して，私たちがどのようにすれば適切に対応できるかという問題は，現在においてもなお大きな課題の一つである。

　この章では，災害に対する人々の心理について，緊急時の人々の反応，事前の防災行動，被災後の人々への影響の三つの観点から，これまでの研究を紹介しながら説明する。

4-2
緊急時の人々の反応

(1) 人はなぜ逃げ遅れるのか

　これまで災害時に人々が逃げ遅れたために被害が拡大してしまったということが繰り返し指摘されている。東日本大震災でも，津波警報が出されたにもかかわらず，すぐに避難しなかったために命を落とした住民が多くいた。また，台風接近時に避難指示の情報が出されても，ほとんどの人が避難所に行かなかったというニュースはたびたび報道される。なぜ人々は災害の危険が迫った緊急時に適切な行動を取ることができないのだろうか。

　自然災害と人との戦いは，太古の昔からあったはずである。人間は目の前に敵や危険が迫ったとき，恐怖感情が生起するとともに，交感神経にアドレナリンが分泌され，瞬時に心拍数が上がり，血管は収縮し，敵や危険と戦うことが，あるいは逃げることができるように体が反応する。これは，**闘争－逃走反応**とよばれる（Cannon, 1929）。私たちは，目の前で火が燃えさかっていればそこから離れようとするし，遠くから街を飲み込むような濁流が襲ってくるのが見えたら，高いところに避難しようとする。動物としての人間は，目の前の危険に対しては体が反応するようにできているのである。

　しかし，現代社会では，私たちが目の前で直接的に危険を感じなくても，自分が危険な状況にいるのだということを情報によって知ることができるようになった。津波警報や避難指示などがその代表である。目の前には危険の予兆がなく，危険を感じることはできないが，危険を感じる状況になったときには手遅れなので，あらかじめ情報によって人々に危険を知らせるのである。人間は，闘争－逃

走反応によって，目の前の危険に対しては，戦うとか逃げるという準備状態を整えるための心と体の仕組みは持っている。しかし，危険な状態でないときに情報で逃げるという心と体の仕組みは持っていない。人類が数百万年前に地球上に現れて以来，私たちの祖先は繰り返し目の前の敵や危険と戦いながら進化してきた。その中で，闘争－逃走反応というシステムを獲得してきたのである。しかし，情報で危険を知らせるようになったのは，どんなに長く見積もっても数千年の出来事である。残念ながら私たちには情報で逃げるという心と体の仕組みは，まだ獲得できていないのである。したがって，私たちは，単に危険を知らせる情報に接するだけでは，恐怖感情はなかなか生起しないし，適切な避難行動に結びつけることは難しいのである。

　災害などの異常事態に遭遇したときに，その状況を異常なものだと認識することができずに，たいした問題はないだろうと考えてしまう現象は，一般的には**正常性バイアス**(normalcy bias)とよばれる。自分だけは大丈夫だろうと楽観的に考えたり，その状況を深刻ではないと思いたいという欲求を持ったりするため，危険な事態であっても正常なものだと認識してしまうというものである。正常性バイアスは避難行動が遅れる原因としてよく指摘されている。ただし，津波警報や非常ベルを耳にするときには，目の前には危険が迫っていないことの方が多い。目の前に危険が迫っていなければ，人間は情報だけで危険を認識することは極めて難しいのである。このように考えると，正常性バイアスは，楽観的なバイアスや歪みだけではなく，むしろ主として人間にとって正常な認識の仕方にもとづくことが多いということができる。逆に，情報だけで危険だと感じることができるのは，過去に同じような被災経験があるとか，危機

4-2　緊急時の人々の反応　　　　　　　　　　　　　　　　　　　**63**

管理の意識が高くてその災害の危険性について十分に理解している
といった理由で，危険情報に対して非常に敏感な「**脱正常性バイア
ス**」を有している人だということもできる。このように考えると，
情報だけでは人は逃げないというのは，心理学的にも進化的にも人
間としての通常の反応だということが指摘できる。

(2) 高度化する防災情報とその不確実性

　現在は専門家から一般の人々に向けて，さまざまな防災情報が伝
えられるようになってきた。例えば，降雨の予測に関しては，昔は
「晴れのち雨」といった確定的な情報しか伝えられていなかったが，
1980 年に降水確率というリスク情報が発表されるようになった。
そして 2004 年には気象レーダー観測を利用した降水ナウキャスト
という詳細な予測情報が公表されるようになり，2011 年以降は 5
分ごとに降水ナウキャストが更新され，2014 年からは高解像度ナ
ウキャストという非常に精度の高い降雨の予測が可能になっている。
その一方で，災害発生の予測である大雨や暴風による注意報や警報，
土砂災害警戒情報，2013 年に運用が始まった特別警報などは，非
常に高い精度を持つ降雨予測と比較すると，現状ではその精度はそ
れほど高いとはいえず，かなりの不確実性をともなった情報となっ
ている。つまり，警報が出されても実際には災害が起きないという
場合が多くあるし，警報が出ていない地域で災害が発生することも
多くある。さらに，警報が出てから避難することはかえって危険な
状況という場合もある。市町村長が判断する避難勧告や避難指示も
同様である。今後，どんなに科学技術が進んでも，注意報や警報の
精度を高めることは複雑に組み合わさった自然現象の予測であるた
め非常に困難であろう。

このように，さまざまな気象や災害の発生可能性がリスクとして明示化され，量的に表現され，あるいは不確実性をともなった情報として社会に共有されている。しかし，防災情報とひとくくりに言っても，その精度や信頼性は情報の種類によって大きく異なっている。多くの人々は，このようなそれぞれのリスク情報の性質を十分に理解した上で防災情報を活用しているだろうか。おそらくそのような人は決して多くないであろう。例えば，警報について考えると，発令する側は警報を出していないときに災害が発生するという見逃しの事態は避けたいと思う。そこでできるだけ早い段階で不確実性が高くても警報を出したいと考える。すると当然のことながら，警報を出しても災害が起きないという誤警報が多くなってしまう。情報を受け取る住民にとっては，警報が出ても心配ないのだ，警報を信用しなくてもよいのだということを学習してしまう機会を繰り返し与えてしまうことになる。そして，警報が出され実際に災害が発生したときに，きちんと避難することができなくなってしまうのである。このような負の連鎖の一因は，**災害リスク情報**というものに対する私たちの不慣れさや理解の不足にあると考えられる。私たちが接する災害リスク情報が，どのような性質を持っているのかということを正しく理解することが必要である。

また，災害情報を出す専門家の側も，受け取る市民の側も，その情報が正確であるかどうか，すなわち予測が当たったか外れたかという点に着目しがちである。そして，予測がはずれて，避難指示が出たのに災害が発生しなかった場合，取られた行動を無駄だったと評価してしまう。しかし，災害リスク情報とは本来不確実性をともなったものであり，たった一回の事象の結果だけで当たりはずれを評価する類のものではない。私たちは，このようなバイアスのかか

った認識も改めなければならない。災害リスク情報があいまいさや不確実性を含んでいるということをきちんと認識し、当たったとかはずれたというような判断をすることがそもそも間違いであり、もっと長期的な視点で災害リスク情報に接し、その対応や行動を評価することが重要であることを理解する必要がある。

　緊急時に災害情報を人々に伝え、それに基づいて適切な判断をして適切な行動を促すことは非常に重要である。しかし、災害情報は不確実性を含んでいるため何が適切な行動だったのかは事後にしか評価できない。警報が出た時には必ず災害が起き、必ず避難しなければならない。そして、警報が出ない時には絶対に災害は起きなくて避難する必要はないのであれば適切な行動は明確である。しかし現実はそうではない。あるいは、仮に防災情報の精度が非常に高まり、このような理想的な状況に近づいたとしよう。しかし、そのような状況でも、災害時には情報の伝達が遮断されてしまう場合もあるし、「危険ならば情報があるはずだからとりあえず情報が来るまで待っていよう」と考えるいわゆる情報待ちによって人々の被害が拡大するという事態も発生してしまう。このように考えると、適切なタイミングで適切な人々に対して災害情報を出し、災害情報によって人々に臨機応変に判断を行ってもらい、その結果として適切な行動を取ってもらうというような理想的な図式を想定し、そこに情報伝達システムや人々の行動を近づけようとするアプローチには限界があることが指摘できる。

　しかし、その一方で危険が迫ってくる前に人々に情報を与え、適切な行動を取らせることは被害を減らすためにはとても重要である。それでは、どのような情報が与えられれば、適切に避難する人がより増えるのだろうか。テレビから気象庁が発表する緊急地震速報の

チャイム音を聞いたことがある人は多いだろう。あの音は，聴覚障害者に聞こえやすい工夫がされているだけでなく，私たちに適度な緊張感と不安を感じさせる音になっている。また2013年からは警報の基準をはるかに超えるような甚大な被害が発生する恐れがあるときに特別警報が出されるようになった。特別警報が出されたときには「ただちに命を守る行動を取ってください」というメッセージが出される。このメッセージは私たちにどのような心理的な影響を与えているだろうか。災害情報と人々の行動に関するこれまでの研究からどのようなことがわかるだろうか。

(3) 緊急時の情報と恐怖感情

　ジャニス(Janis, I. L., 1962)は，警報に対する人々の心理的なメカニズムと反応について理論的な検討を行い，警報から人々が感じ取る恐怖の強さが重要な意味を持つことを指摘した。また避難行動を開始するためには，警報に対する信憑性が高いこと，避難者のリスク評価が高いことも重要であると指摘されている(Perry, 1979)。さらに，周囲の人々とのコミュニケーションによって災害の危険性を理解し，異常な状況であることを再確認すること，そのためには情報を繰り返し伝えることが重要であることも指摘されている(e.g., Drabek & Boggs, 1968; Mileti & Beck, 1975)。これらの研究からは，人々に危険が迫っているということを適切に伝え，その情報によって恐怖感情が生起された場合には，避難する人が増えると考えることができる。したがって，災害情報には具体的な危険を人々に伝える工夫が必要であることが指摘でき，そのような工夫がされてきている。それでは，危険であることが伝えられ，人々が恐怖を感じれば，適切な行動が取られるのであろうか。

4-2 緊急時の人々の反応

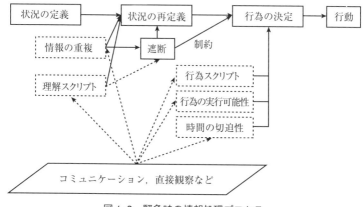

図 4・2 緊急時の情報処理プロセス
出典) 池田(1988)をもとに作成

　池田(1988)は，それまでに行われた研究を整理した上で，緊急事態における情報処理過程に注目した意思決定のプロセスモデルを提案している(**図 4・2**)。それまでの多くの研究では，恐怖感情そのものは避難行動の直接的な動機づけとして位置づけられていた。緊急事態で恐怖を感じた場合，その恐怖感情を低減するために，そして危険を回避するために，人々は避難すると解釈されていた。しかし，池田(1988)のモデルによれば，緊急事態においては，恐怖などの感情は，行為の直接の決定因になるのではないという。恐怖感情は行動の決定因としてではなく，情報処理に負荷をかけることによって，認知的な処理能力を低減させる役割を果たすだけであるという。むしろ重要なのは，情動より認知的プロセスであり，災害時に状況を理解するために，その人が事前に有している理解スクリプトの知識や，避難などの具体的行動を導くための**行為スクリプト**の知識の重要性を強調した。さらに，関連するさまざまなスクリプト

を外的に与えるコミュニケーションの役割を強調している。

　緊急時において，避難行動を取るかどうかを決定するのは，適切で実行可能な行動に関する知識を持っているかどうか，すなわち，警報が出たときに，どこに，誰と，どのように避難すればよいのかといった具体的な避難行動に関する行為スクリプトがあるかどうかが重要なのである。そして，その避難行動の実行可能性の認知や，時間の切迫性の違いによって，行為が決定されるのである。恐怖感情は，このような情報処理プロセスに認知的負荷となり制約を与える。したがって，恐怖感情を与えるような情報を与えるのではなく，具体的で適切な行動を促す情報が必要なのである。しかし，マスメディアによって伝えられる情報はさまざまな状況におかれている人々に対しては決して具体的にはなりえない。「ただちに命を守る行動」は，その人がどのような状況にいるのかによって異なる。それではどうすればよいのだろうか。

(4) 緊急時の行為スクリプト

　重要なのは，理解スクリプトと行為スクリプトに関する事前の学習である。災害後に被災者がよく口にする言葉に，「災害時には普段やっていることしかできない」というものがある。津波警報や特別警報などが出たときに，どのような危険が自分に迫っているのかということを理解し，どのような行動を取ることが適切なのかを事前にきちんと考え，繰り返し実際に練習しておくことが何よりも重要なのである。命を守る行動を取ったことのない人は，特別警報が出ても何をすればよいのかわからない。また知識としてわかっているだけでは，実行に移せない場合が多い。防災情報が出された時に，自分にとって命を守る行動とは何かについて考え，その行動を繰り

返し練習して身につけておくことが必要なのである。

　学校などで行われる紋切り型の避難訓練にはあまり意味がない，もっと柔軟性があって実効性の高い訓練が必要だという指摘はよく耳にする。しかし，地震が発生した時に，机の下に隠れたり，姿勢を低くして頭を守ってじっとしているという非常に単純な行動も，練習しているからこそできるのである。東日本大震災では，岩手県釜石市のほとんどの児童生徒が早めに避難をして助かったことが一時「釜石の奇跡」として有名になった。しかし，これは決して奇跡ではなく，日ごろから繰り返し行われていた，地震が発生して津波の可能性があるときにはとにかくより高いところに逃げるのだという行為スクリプトを学習する津波防災訓練や防災教育の成果だったのである。そして，このような行為スクリプトを学習する津波防災訓練は，釜石市だけではなく，東北地方の沿岸地域のほとんどの学校で広く行われており，その成果によって多くの児童生徒が助かったのである。たとえ単純でも緊急時に必要な行動を繰り返し練習することは命を守るためには重要である。したがって避難訓練などで，災害時の行為スクリプトを繰り返し練習することは大きな意味があるのである。

　すでに述べたように，人間には，闘争－逃走反応とよばれる恐怖感情やストレスに対する反応メカニズムが備わっている。これは瞬間的で単純な反応をすればよい状況ではうまく機能する。しかし緊急時に，どこにどうやって避難するのが一番安全なのかといった難しい判断が必要な状況においては，恐怖感情は情報処理プロセスに認知的な負荷となり制約を与える。緊急時にあいまいで不十分な災害情報を適切に分析し，そのときに最善と考えられる行動は何かをとっさに判断して行動するなどということは到底できないと考えた

方がよいのである。したがって，防災情報に不安を与えるような工夫はあまり有効ではないことが指摘できる。むしろ私たちに行動の開始を促す合図であればよく，そのことを私たちはよく理解する必要がある。私たちにできることは，防災情報に接した時に，具体的にどのような行動を取るのかということを事前に学習し，それを繰り返して習慣化しておき，実際に防災情報に接したときには，安全とか危険とかいう難しい判断をする前に行動を起こすことである。さらに，その行動を取ったことが有効であったとか無駄であったというような判断をそのたびごとに行わないことも重要である。誤報だとか信頼が低いということは，防災情報の宿命なのである。災害情報や避難行動に対する人々の認識をこのように変えていくことが必要である。

　過去の被災経験が避難行動に影響するということはよく指摘される。そして，過去の被災経験がポジティブに働き早めに避難できたという事例もあれば，前は大丈夫だったから避難しなかったとネガティブに働いてしまう場合もある。このような事例は，行為スクリプトの観点から以下のように解釈できる。経験がポジティブな影響を与えたり，ネガティブな影響を与えたりするという違いは，その人が有している行為スクリプトの知識の違いによるものだと解釈することができる。被災経験者は，それ以前の被災経験によって，災害時の対応行動の行為スクリプトの知識を身につける。しかし，被災の経験は人生に数回あるかどうかという程度であり，一般的には非常に少ないため，私たちが身につけられるのは，限定的な状況においてのみ有効な行為スクリプトに関する知識だけになってしまう。さまざまな状況において適応可能な多様な行為スクリプトの知識が身につけられるわけではない。したがって，新たな災害時に，その

人が有している行為スクリプトにもとづいて取られる対応行動は，適切である場合もあれば，そうでない場合もある。以前の災害時に身につけた行為スクリプトに関する知識が，その災害において適切であった場合には，結果的に経験がポジティブに影響し，適切でなかった場合には，ネガティブに影響するのである。すなわち，経験が災害時に役立つかどうかは，その人が経験によって有効な行為スクリプトの知識をどの程度身につけたかに関係していると解釈できる。

　災害にはさまざまなシナリオがあるため，あらゆる事態を想定してそれぞれのシナリオに応じた適切な行動を学習することは難しいし現実的ではない。したがって，最悪の状況を想定した場合の適切な行為スクリプトの知識を身につけることが必要となる。最悪の想定に対する行動は，その性質上，過剰な反応になってしまうため空振りに終わることが多い。しかし，すでに述べたように，緊急時の避難行動とはそういうものであるという認識が必要なのである。

　実際の緊急時には，行為の実行可能性や，時間の切迫性，恐怖感情による認知的な負荷，周囲の状況などの要因によって，行動の実行が困難となる場合が多くなってしまうと予測される。したがって，行為スクリプトは単なる知識だけには終わらせずに，繰り返し練習し，習慣化しておくことが重要なのである。

　近年，**タイムライン防災**という考え方が注目されている。タイムラインとは，災害が発生することを前提とし，行政機関などが事前にとるべき行動を「いつ」「誰が」「何をするか」に着目して時系列で整理したものである。台風の接近による水害や土砂災害に関しては，その地域に最接近する時刻もおおよそ予測が可能であるため，被害が出ることを前提として，その前に何をどの時点でしておくか

を決め，災害が起きる可能性があるときには，それぞれの行動を着実に実行するというものである。人々の避難行動を安全に確実に実行するためには，安全か危険かどうかの判断をすることに頼らず，災害が発生することを前提として，安全確保に関わる具体的な行為スクリプトを決定し，それをどの段階で実行するかを決めるタイムラインを作り，それにそった行動をすることを習慣化することが必要なのである。ただし，現実的にはこのような行動にはさまざまな側面で大きなコストがかかる。したがって，避難行動のコストをどう減らすかという社会的な工夫が必要である。

4-3
事前の防災行動の促進

(1) 事前の防災行動とは

　災害時の被害を軽減するためには，緊急時の適切な避難も重要であるが，災害が起きる前に，事前にさまざまな防災行動を取っておくことも重要である。東日本大震災の経験を踏まえて，住民の災害に対する備えをする者の割合が高まったという報告もあるが，それでも十分なレベルに達しているとはいえず，取り組みを一層促進する必要があることが指摘されている（内閣府，2013）。

　災害に対する事前の**防災行動**は，**リスク防止行動**（risk prevention）と**リスク軽減行動**（risk mitiagation）の二つに分けて考えることができる（広瀬，2014）。地震リスクを例にすれば，地震のない地域に住むことがリスク防止行動である。しかし日本にいる限り，地震のない地域に住むことはほとんど不可能である。このため，地震が起きても家屋の被害が小さくなるように地盤の固い地域を選んで

頑丈な家に住んだり，家具やテレビの固定をしたりして，地震が起きても被害が大きくならないようにする必要がある。災害の種類にもよるが，一般的に災害リスクを防止することには限界がある。そこで，災害が起きたときの被害を軽減するための対策を取ることは重要である。ここではリスク軽減行動のことを防災行動とよぶことにする。

　自然災害に対する防災行動にはどのようなものがあるだろうか。元吉ら(2008)は，非常食の準備や家族の連絡方法の確認のように家庭において実施される家庭防災行動と，地域の防災訓練への参加や自主防災組織活動への協力など地域で行う地域防災の二つを区別している。家庭防災には，ラジオや懐中電灯，医薬品などの準備，大きな家具やテレビなどの固定，耐震補強や地震保険への加入などが含まれる(e.g., Mulilis & Lippa, 1990; Turner, Nigg, & Heller-Paz, 1986)。また最近では，次節で述べるような災害時に人々が受けるストレスを軽減するための知識やストレスマネジメント方法の習得なども防災教育や防災行動に含めて考えることの必要性が指摘されている(元吉，1014)。さまざまな防災行動を促進するためには，どのような心理的要因が重要で，どのような取り組みが必要なのであろうか。これまでの研究を紹介しながら考えてみる。

(2) 人口統計学的要因と防災行動の関連

　防災行動と関連する要因として繰り返し検討されてきた要因として，過去の被災経験による影響が挙げられる。過去の被災経験と防災行動の関連についての報告は非常に多いが，その関連は一貫してはおらず，関係があるという報告も関係がないという報告もある(詳しくは，元吉， 2004; Solberg et al., 2010 などを参照)。リンデ

ルとペリー（Lindell, M. K. & Perry, R. W., 2000）は，このように被災経験と防災行動や防災意識との関連が一貫した結果にならないのは，調査によって異なる方法で被災経験や防災行動が測定されるためであるとしている。また，シムズとバウマン（Sims, J. H. & Baumann, D.D., 1983）は，防災行動を促進する要因は多様かつ複雑であり，条件によって影響力が異なるため被災経験だけを単独で分析しても限界があると指摘している。防災行動に影響を与えるとして，被災経験だけではなく，さまざまな人口統計学的要因についてもこれまでに多くの検討がされてきている。それによると，教育レベル，収入，資産，性別，年齢，家屋の建築年数，居住年数，世帯主の年齢，子どもの有無，配偶者の有無，高齢者の有無，人種，民族，家屋の所有形態，職業などの要因が防災行動に影響を与えることが報告されている（元吉，2004）。しかし，リンデルとペリーは，これらの人口統計学的要因の防災行動への影響は一貫しているわけではなく，影響があるとしても，その関連は小さいと述べている。これまで過去の経験や人口統計学要因が防災行動に与える影響については多くの検討がされてきており，近年の調査でも，これらの要因を含めた検討が行われている。しかし，防災行動を促進するという目的からすると，経験や人口統計学要因が防災行動に与える影響について検討するよりも，人々の災害に対する認知が防災行動に与える影響を検討することが重要である。なぜなら，防災行動を促進するためには，人々の経験や人口統計学要因を変化させるよりは，認知を変化させる働きかけを行う方がより現実的であるためである（Lindell & Whitney, 2000）。たしかにさまざまな人口統計学的要因が防災行動に影響を与えることは事実であるが，心理学的な研究においては，人口統計学的要因は，認知的要因の影響を検討するため

の統制要因ととらえるべきであろう。

(3) 防災行動とリスク認知

ラザルス(Lazarus, R. S., 1966)は，リスク回避行動とリスク認知の関連について次のような指摘をしている。まず，リスク回避行動は二種類に区別する必要がある。一つは，現在行っているリスク行動をやめるという場合である。例えば，タバコや依存性のある有害な薬物の摂取をやめるような場合である。もう一つは，潜在的なリスクを評価し，防衛的な行動を取る場合である。防災行動は後者にあてはまる。前者の場合には，行為者はリスクをすでに知覚しており，行動をやめることによってリスクが減少することを知っている場合が多い。しかし，後者の場合は必ずしもそうではなく，潜在的なリスクについて行為者が知覚しない場合がある。行為者にとっては，まず潜在的な危険性について知覚し，そのリスクを評価した上で，リスク回避行動を取るという段階を経ることになる。つまり，防災行動を取るためには，まず**災害リスク**を認知することが必要であり，防災行動の促進にとってリスク認知は重要な要因であると古くから考えられてきた。また，リスク認知と強い関連がある不安や恐怖感情も防災行動に影響を与えると考えられてきた。

ショーベリー(Sjöberg, L., 1998)は，リスク認知と不安感は，類似した概念であるが，リスク認知が認知的な成分であるのに対して，不安感は感情的な成分であり，区別されるとしている。災害についてのリスク認知が，発生確率の高さや発生の可能性の認知，被害の大きさの予測によって測定されているのに対して，不安感については，心配(worry)かどうか，恐怖(fear)を感じているかどうかについて直接的にたずねることが多い。

これまでに多くの研究で，リスク認知や不安感と防災行動の関連について検討されてきており，災害に対するリスク認知や不安が高い人は，リスク認知や不安が低い人に比べて防災行動を実施していることが明らかにされている(e.g., Flynn et al., 1999; Jackson, 1981; Lindell & Prater, 2000)。しかし，近年，多くの研究者によって，リスク認知が防災行動に及ぼす影響は大きくないことが指摘されるようになっており(e.g., Rüstemli & Karanci, 1999; 元吉，2014)，ソルバーグら(Solberg, C. et al., 2010)のレビュー論文では，リスク認知が防災行動に及ぼす影響は非常に小さいと結論づけられている。ラザルスが指摘するように，防災行動を取るためには，まず災害リスクを認知することが必要であることから，少なくともリスク認知や災害に対する不安感は，防災行動を促進するための必要条件として位置づけることは可能である。しかし，リスク認知を高めるだけでは，防災行動が促進されるわけではないことには注意が必要である。

(4) 防災行動の規定因

近年の防災行動に関する研究では，リスク認知以外のどのような心理的要因が防災行動と関連しているのかについて検討されるようになってきた(e.g., 広瀬，2014; 元吉ら，2008; Solberg et al., 2010)。

ロジャーズ(Rogers, R. W., 1975, 1983)は，リスクや脅威に対する防御行動に関する**防護動機理論**において，人がリスクから適切に身を守るための行動を取るためには，リスクについての情報だけではなく，具体的な対策に関する情報やその評価が非常に重要であることを指摘した。防災行動をしないでいるとどのような被害が生じるのかというリスク情報だけではなく，適切な防災行動としてどの

ようなことがあるのか，また具体的に自分にその行動ができるのか（自己効力），もしもその対策を行うとしたらどのくらいの費用がかかり（反応コスト），その対策をすることによって具体的にどのくらい効果があるのか（反応効果性）といった防災行動に関する評価が防災行動と関連するというのである。実証的な研究においても，防災行動のコスト認知や対策のベネフィット認知が防災行動の促進に影響を与えることが確認されている（元吉ら，2008; 元吉，2014）。また広瀬（2014）は，環境配慮行動で用いられてきた枠組みで，災害準備行動の意思決定モデルを提案する中で，対処有効性，実行可能性認知，コスト評価を防災行動の規定因としてあげている。これらの要因は，防御動機理論における反応効果性，自己効力，反応コストにそれぞれ対応するものである。このように，防災行動そのものに対する評価は，防災行動を促進させるためには重要であるといえる。

　防災対策をするのは誰の責任なのかといった責任帰属の認知も防災行動の規定因となる（e.g., 広瀬，2014; Solberg et al., 2010）。日本では，政府が防災対策の公助や共助を強調しすぎるために，防災対策を公助に求めすぎ，自ら防災行動をしなければならないという責任帰属が弱く，アメリカ合衆国の人々と比較してあまり防災行動をしていないことも指摘されている（Palm & Carrll, 1998）。これまでのわが国の災害で，災害後に食糧や飲料水が不足したために死亡したという事例はないだろう。また多くの地方自治体や避難所となる学校や集会場などには災害用の備蓄が置かれている。このような状況は，自分では備蓄をする必要はなく，いざとなったら政府や自治体がなんとかしてくれるといった認識を持ってしまいやすい。備蓄に限らずどのような防災行動を自分の責任でするべきなのかといっ

た基準を明確にして，責任帰属の意識を高めることも重要であろう。

　ある行動をするかどうかを決める意思決定プロセスにおいて，自分がその行動を取ることについて，自分の家族や友人などの周りの人々がどのように考えているのかといった認識である主観的規範の意識が重要な役割を果たすことが指摘されている(e.g., Ajzen, 1985)。防災行動においても，主観的規範が重要であることが明らかになっている(e.g., Mileti & Darlington, 1997; 元吉ら，2004; 元吉，2008)。防災行動の促進には，他者からの影響をうまく利用する必要がある。例えば，子どもが防災に関心を持ち，自分の親に対して自分の家の防災行動の必要性を訴えれば，対策をしようとする親は多いだろう。

　元吉(2008)は，防災行動を促進するためには，災害への関心を高めることが重要であることを指摘している。災害への関心とは，災害で被害がどのくらい大きくなるのかとか，防災行動をしないとこんな悲惨なことになるといったネガティブな情報ではなく，こうすれば効果的な対策ができるとか，自分にもできるよい防災行動を知りたいといったポジティブな認識だと捉えることができる。確かに，災害は恐ろしいし，悲惨な出来事である。今後も，3月11日が近づくたびに東日本大震災の悲惨さを伝える報道が繰り返し行われるだろう。しかし，防災行動を促進するという意味においては，災害の悲惨さなどのネガティブな側面を強調するよりは，ポジティブな側面を伝え，関心を高めていくことが重要である。

(5) 防災行動と制御焦点

　ヒギンズ(Higgins, 1997, 1998)の**制御焦点理論**によれば，私たちが自己の行動を制御して目標を達成するために，促進焦点(promotion focus）と予防焦点（prevention focus）の 2 種類の独立した自己制御システムが存在しているという。促進焦点は，肯定的な結果である利得に焦点化した自己制御をつかさどっており，利得に接近しようと行動をコントロールする。一方，予防焦点は，否定的な結果である損失に焦点化した自己制御をつかさどっており，損失を回避するような自己制御を行うとされる（尾崎，2011）。

　防災行動は，その名が典型的に表しているように，災害リスクという損失を避けるための予防焦点の自己制御を基盤とした行動と捉えられていると考えられる。しかし，災害への関心を高め，防災行動を促進するためには，防災行動を予防焦点ではなく，促進焦点の自己制御を基盤とした行動としてフレーミングすることが有用であろう。すなわち，防災行動を単なるリスク軽減行動としてではなく，その行動を行うことによって，得られる利得や肯定的な結果により焦点化していくことが必要なのである。

　矢守（2011）は，防災教育の新しいアプローチとして，①能動的な働きかけの重視，②成果物やアウトプットを生み出すこと，③学校以外の主体・組織との連携，④諸活動に埋め込まれた様式の四つを重視することが重要であることを指摘している。これらは，いずれも防災を予防焦点ではなく，ポジティブな結果を重視した促進焦点でフレーミングすることの重要性を指摘しているものと捉えることができる。災害への関心を高め，防災行動を促進するためには，防災行動によって得られる利得やポジティブな情報に焦点化した情報を積極的に提供していくことが必要なのである。

4-4
被災後の人々の影響

(1) 被災経験とストレス反応

　災害で一番重要なのは命を落とさないことであるが，生き延びた人々にとっての大きな問題の一つは，自分にとって大切な人々が被災したり亡くなることによって，また，故郷やコミュニティや大切なものが失われることによって，大きな心理的な影響が生じることである。災害に関する心理学的研究の中で，これまでもっとも多く行われてきた研究は，このような災害後の人々の心理的・精神的影響についての研究である。被災後の心理的・精神的影響は，災害に固有の影響ではなく，事故や戦争，犯罪など，異なる原因であっても，惨事を経験した後に，類似した精神的後遺症が見られることから，まとめて心的外傷後ストレス障害として理解されている。

　自然災害，特に大震災の場合には，交通事故や火災などほかの惨事と比べて異なるいくつかの特徴がある。一つは，災害に遭うという直接的な被害体験だけではなく，それによって大切な人やものや場所，思い出など多くのものを失ってしまうという喪失の体験を同時に受けることである。大震災では，自分自身の被災という経験と大切なものを失うという喪失の体験を同時に経験することになるため，その心理的な影響は大きくなる。大震災のもう一つの特徴は，被災した後も余震が長い間続き，いつまでも安心できない，そして不自由な避難生活が長期にわたって継続してしまうということである。また，被災地では情報不足のためさまざまなうわさやデマが発生し，人々を必要以上に不安にさせてしまう。したがって大震災は，他の惨事と比べても被災者への心理的影響が非常に大きい事態にな

4-4 被災後の人々の影響　　　**81**

るといえる。私たちの心や体にどのようなストレス反応が起きるの
か，その内容や特徴について解説する。

(2) 正常ストレス反応

　図4・3に，私たちに起きる可能性のある3種類のストレス反応
について時間経過とともに示した。私たちが大惨事に遭遇すると，
その後しばらくの間は，ほとんどすべての人に「**正常ストレス反
応**」が生じる。私たちの対処能力をはるかに上回る非常にショック
な事態に遭遇したわけであるから，一過性の反応として心や体が何
らかの影響が出るのは当然のことなのである。

　正常ストレス反応は，① 心理的(精神的)な影響，② 身体的な影
響，③ 行動への影響の3つに分けてとらえることができる。まず，
心理的(精神的)な影響とは，不安や恐怖を感じたり，悲しみ，無力
感，イライラなどを感じることである。身体的な影響とは，眠れな
かったり，食欲が落ちたり，疲れやすい，だるいなどの症状である。
そして，行動への影響とは，災害と関連する場所や人を避けたり，
飲酒や喫煙の量が増えたり，涙が止まらない，過食や食欲不振，子
どもの退行現象(赤ちゃんがえり)などの行動の変化が挙げられる。

　これらの反応のうち，すべてのストレス反応を経験する人もいれ
ば，一部のストレス反応しか経験しない人もいる。人によって生じ
るストレス反応の種類や程度に違いはあるものの，被災者の多くが
上記に挙げたようなストレス反応を経験することになる。そして，
惨事を経験した後のこのような反応は決して病的なものではなく，
健康な人間として誰しもが経験しうる正常な反応であるということ
を知っておくことが大切である。

　一般に，災害を経験した後の正常ストレス反応は，多くの人にと

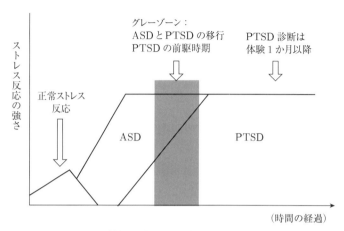

図 4・3 被災体験後の時間経過とストレス反応
出典) 金(2006)をもとに作成

っては時間の経過とともに減少し、問題のない状態にまで落ち着くことが知られている。そして、問題ない状況にまで回復するためにもっとも大切なことは、災害を経験した人が安全な場所を確保して生活することであり、安心できるような空間を確保することであるといわれている。被災すると、初期に生じる正常ストレス反応によって、ただでさえ、精神的、身体的な影響が大きいため、落ち着いた判断ができなくなってしまう。このためストレスの軽減にとって最も重要な安全で安心できる場所の確保ということをそれほど重視せずに、ついつい無理をしてしまい、ますます精神的、身体的な影響が大きく悪化してしまうという悪循環に陥ることになる。被災直後の非常事態の中では、安全で安心な空間の確保というのは非常に難しいだろうし、現実的には無理な場合がほとんどかもしれない。しかし、もしもそのような場所を確保できる可能性が少しでもある

ならば，そのような場所に移動して，心と体を休めることを積極的に行うことが本当は望ましい。おそらく実際に被災したときに，このような知識を与えても，判断や行動をとることはできないだろう。だからこそ被災する前に，このような知識を持ち，被災した時には安全と安心の確保が何よりも重要なのだということが少しでも頭に思い浮かぶようにすることが重要である。

(3) 急性ストレス障害と心的外傷後ストレス障害

正常ストレス反応が生じても，多くの人は日常の生活をそれでもなんとか続けることができる。しかし，強いストレスを感じる人の中には，日常生活を送れないくらいの強い影響を受けてしまうこともある。日常生活や社会生活が送れないような状況になり，医学的な診断を受ける必要がある場合，それは**急性ストレス障害**（Acute Stress Disorder：ASD）とか，**心的外傷後ストレス障害**（Post-Traumatic Stress Disorder：PTSD）とよばれる。

ストレス障害では4つの症状が現れる（American Psychiatric Association, 2013）。1つ目は出来事に対する侵入的症状である。トラウマ体験が反復的に思い浮かんだり，苦痛な夢を見たり，いわゆるフラッシュバックしたり，似たような出来事に対して苦痛を感じたりする。2つ目は回避に関する症状である。出来事と関連する思考を避けようとしたり，出来事を想起させるような場所や人物，活動を避けたりする。3つ目は認知や気分がネガティブになることである。自分に対する否定的な信念を持ったり，恐怖や罪悪感をもったり，しなければならない活動ができなくなったりする。4つ目は覚醒度反応性の激しい変化である。なかなか眠れなかったり，イライラしたり，攻撃性が高まったり，集中できなかったりする。

これらの症状が確認され，日常生活や社会生活に明らかな影響が出てしまった場合には，精神医学的にはストレス障害と診断される。その期間が1か月未満であれば急性ストレス障害であり，1か月以上に渡って継続すると心的外傷後ストレス障害と診断される。金（2006）によれば，大規模な震災などで未治療のまま1年を経過した時点で，外傷後ストレス障害の診断基準を完全に満たす者と，部分的に満たす者との割合は，それぞれ10%程度であるという。

日常生活や社会生活にそれほど大きな影響はないとしても，被災後に，ストレス症状として，侵入的症状や回避，気分が落ち込んだり攻撃性が高まってしまうというが比較的長期に渡って継続してしまう人は多い。同じような症状でも，日常生活に大きな障害がない場合には，ストレス障害ではなく，ストレス反応（stress reaction）とよばれる。

(4) ストレスケアの基本

被災とその後の避難生活の中で，ストレスを感じてしまうことは避けることはできない。このためストレスに対して適切なケアをすることは非常に重要である。自分に起きている状況を客観的にとらえて，被災後に自分に起こる心の変化や体の変化などストレスについてきちんと理解しそれにきちんと対処していくことは重要である。被災時ではなくても日常生活においても，人々は多くのストレスを感じていてそれについて対処していくことが必要となる。このように，ストレスを理解しそれに対して上手に対処していくことを**ストレスマネジメント**（stress management）とよぶ。

ストレスマネジメントにおいて，まず重要なことは自分のストレスについて知ることである。災害が起きた後には，特に学校関係者

の間では被災後のストレスについて知るという心理教育活動が広く行われる。そして，それと同時にストレスケアの基本としていくつかのリラクセーション法の普及も行われている。

これまで，災害予防や防災教育としてストレスの理解やストレスケアについての知識を普及させることは少なかった。しかし，ストレスに関する知識とストレスケアに関する知識の習得を防災教育の枠組みの中に入れることは重要である。

ストレスマネジメントにおいても，やはり最も重要なことはストレスから解放され，安全で安心できる空間を確保することである。しかし，現実には被災直後からしばらくの間は，安全で安心できる空間の確保というのは困難な場合が多い。したがって，安心できる空間が確保できないような状況でも，一時的にでも安心を感じることができるストレスケアが求められる。そのための方法がリラクセーションである。ここでは，代表的なリラクセーション法である呼吸法と漸進性弛緩法について簡単に紹介する。

a. 呼 吸 法

これは，いわゆる深呼吸である。呼吸は常に私たちが無意識に行っていることであるが，意識的に呼吸をすることはリラクセーションに効果がある。姿勢を正し，呼吸を整えて，心を落ち着かせて，深呼吸をすると緊張をほぐすことができる。一般に，強く吸ってからゆっくりと息を吐くとよいとされている。できるだけ快適な環境を整えて，好きな音楽を聴きながら，あるいは安心できる人たちと一緒にすることによってより効果があると考えられる。

b. 漸進性弛緩法

漸進性弛緩法は，いくつかの種類があるが，基本的には筋肉の緊張と弛緩を繰り返し行うことによって心理的な緊張を和らげる方法

である（Jacobson, 1929）。スポーツ選手のメンタルトレーニングなどにも使われている。まず，できるだけ落ち着ける場所でゆったりとした姿勢になる。そして，手首に力を入れてぎゅっと曲げて，その後に力を抜く。次に腕に力を入れてまた力を抜く。今度は，肩をすぼめて力を入れて，その後に力を抜く。このような動作を何度も繰り返して，体中の各部分の緊張をほぐしていく。私たちは，体の力を抜いてといわれると，どうしていいかわからずなかなか力が抜けない場合が多い。しかし，いったん意識的に一部の筋肉に力を入れてみると，力を抜くという感覚がつかめるようになる。このことを利用して，体中の緊張を取り除いていくのである。このように，全身の筋肉の緊張と弛緩を何度か繰り返すことによって，心理的な緊張もときほぐすことができると考えられている。

　以上のようなリラクセーション法は，被災時でなくとも日常生活で経験するストレスの軽減に役立つ。したがって，日常生活でもストレスマネジメントを積極的に行い，普段からストレスケアとしてリラクセーションを生活に取り入れておくと身につきやすいと考えられる。そして，このようなリラクセーションの知識やスキルを身につけておくことが，災害で被災したときの心理的なストレス軽減に非常に役立ち，被災者の心のケアにとっても有効にはたらくと考えられる。

◖ま と め◗
☐ 人間は，情報で適切に逃げることができるような心の仕組みを持っていない。このため情報で逃げるという学習をすることが必要である。
☐ 防災行動を促進するためには，リスク認知を高めるアプローチでは限界がある。防災行動に対する有効性やコストの認知，主観的規範

や責任帰属，そして災害への関心を高めるようなアプローチが有効
である。

❑ 被災後には，誰にでも正常ストレス反応が生じる。しかし，多くの
人はそれを乗り越えていくことができる。そのためには，災害後の
ストレスについて知っておくことが大切である。

◀より進んだ学習のための読書案内▶

関西大学社会安全学部(編)（2014）．『防災・減災のための社会安全学』
ミネルヴァ書房
   ☞災害の心理だけでなく，防災・減災についての最新の知見を学ぶこ
   とができる。

矢守克也（2011）．『増補版　生活防災のすすめ―東日本大震災と日本
社会』ナカニシヤ出版
   ☞防災を日常に組み込む生活防災考え方を学ぶことができる。

Joffe, H.（1999）．*Risk and "The other."* Cambrige University Press.
   ☞自然災害だけでなく，さまざまなリスクに対する人の心理について
   学ぶことができる。

5章

リスクのコミュニケーションとガバナンス

社会としてリスクに取り組みリスクを統治する

◀キーワード▶

リスクコミュニケーション,欠乏モデル,情報・知識の質,信頼,共考,リスクガバナンス

● ● ● 5-1 ● ● ●

リスクコミュニケーション

　私たちは一人で生きているわけではなく,社会や組織の中で暮らしている。リスクや安全／危険には確かに極めて個人的なものもあるが,多くのリスクや安全／危険の問題は他の人たちと一緒に対応・対策を取らなければならない。そのためには,まず,当該のリスクや安全／危険の問題についての情報・知識を持ち寄って,より正しい状況認識とより効果的な対策を皆で見極め共有しなければならない。そのようにリスクについて情報・知識を他者と交換してよりよい対策を考えようとすることを**リスクコミュニケーション**という[*]。

最も小さな組織の例として家族を考えてみよう。両親と大学生に
なったばかりの息子の3人家族があるとする。息子が大学の山岳
部に入って海外遠征も含む本格的な冬山登山をしたいと両親に伝え
た。息子はその費用を両親に援助してもらいたいと考えている。冬
山登山は遭難して命を落とす可能性もあるスポーツである。このこ
とについての3人での話し合いはリスクコミュニケーションであ
る。もし，両親ともに冬山登山のベテランであり，息子も中学生の
頃から冬山登山の経験を積んでいるのであれば，つまり，話し合う
人がすべていわゆる専門家なのであれば，比較的に正確な現状認識
のもとにより妥当的な判断がなされるであろう。では，両親は冬山
登山のベテランだが息子は全く初心者の場合はどうだろうか。ある
いは，両親は冬山登山について何も知らないが息子が経験者である
場合，両親と息子ともに冬山登山についてはとんど何も知らない場
合ではどうだろうか。現実社会におけるリスクコミュニケーション
は，一般的に，専門家あるいは当該リスクに関して豊富な情報・知
識を持っている者／組織と，普通の住民のようにあまり情報・知識
を持っていない人々との間のコミュニケーションであるケースがほ
とんどである。

　＊）リスクコミュニケーションは，リスクについての情報交換を意味しており，
広義には，①社会においてリスクに関わる事柄についての合意形成を目的とするコ
ンセンサスコミュニケーション（consensus communication），②現実にリスクに直面
している人たちに寄り添い支援することを目的とするケアコミュニケーション（care
communication），③緊急時においてリスク情報を伝達・受信する危機コミュニケー
ション（crisis communication）が含まれる。しかしながら，今日の社会において一般に
はコンセンサスコミュニケーションのみを狭義にリスクコミュニケーションとよぶこ
とが多い。本章において述べるリスクコミュニケーションも基本的にはコンセンサス
コミュニケーションである。また，第7章において危機コミュニケーションについて
述べている。

(1) 専門家と非専門家との間の危険認知の乖離

スロヴィック(Slovic, P., 1987)は,市民団体のメンバーと大学生に表5・1に示した30の項目の危険度をそれぞれ判断してもらった。市民団体のメンバーと大学生はいわゆる非専門家である。非専門家は,原子力発電所を最も危険なものと認識していた。これに対して,リスクの専門家の判断は全く違っていた。原子力発電所の危険性は20番目であり,最も危険だとされたのは自動車であった。このように,**非専門家の危険認知**と**専門家の危険認知**は乖離することが一般的に多い。なぜこのような乖離が生じるのであろうか。専門家の判断は,すべての項目について正確なデータを知っているわけではないであろうが,当該項目についておおよその客観的な死亡者数あるいは死亡率の実績にもとづいて危険性を判断する傾向が強い。これに対して非専門家は,客観的なデータよりも,第2章において述べたような,さまざまなバイアスやヒューリスティックスに影響された直感的な判断を優先する傾向が強い。そのため,非専門家は原子力発電所が最も危険なものと思ったのに対して,専門家は原子力発電所はさほど危険なものではないと判断したのである。

(2) 欠乏モデル

本章の冒頭の冬山登山についての家族3人のリスクコミュニケーションの例で,息子は登山についての十分な経験があり冬山登山についてもよく調べているのに対して,両親は冬山登山についてほとんど何も知らない場合を考えてみよう。両親は直感的に「そんな危ないことをしてはいけない」として資金援助もしないと言うかもしれない。そのときに,息子が実績データにもとづいて,冬山登山が正しく行えば危険なものではないことを両親に説明して,両親は

表5·1 非専門家（一般人）と専門家の危険認知の違い

	市民団体の メンバー	大学生	専門家
原子力発電	1	1	20
自動車	2	5	1
拳銃	3	2	4
喫煙	4	3	2
オートバイ	5	6	6
アルコール飲料	6	7	3
個人用飛行機	7	15	12
警察官の仕事	8	8	17
殺虫剤	9	4	8
外科手術	10	11	5
消防活動	11	10	18
大規模建築	12	14	13
狩猟	13	18	23
スプレー缶	14	13	26
登山	15	22	29
自転車	16	24	15
航空会社の飛行機	17	16	16
発電（原子力を除く）	18	19	9
水泳	19	30	10
避妊薬	20	9	11
スキー	21	25	30
レントゲン	22	17	7
高校や大学のアメフト	23	26	27
鉄道	24	23	19
食品の防腐剤	25	12	14
食品の発色剤	26	20	21
芝刈り機	27	28	28
抗生物質の処方	28	21	24
家電製品	29	27	22
予防接種	30	29	25

表中の数字は危険であるとした順位
出典） Slovic (1987)

何も知らないからやみくもに反対するけれども，自分は危険なこと
はしないのだと両親に納得してもらうことができたなら，その家族
においては息子が冬山登山をしてもよいと合意に達するかもしれな
い。このように，非専門家は当該リスクについての情報・知識に欠
乏しており，専門家が「正しい」知識を正しく提示することで，非
専門家も提示された知識をもとに専門家と同じリスク判断をするよ
うになるという考え方を**欠乏モデル**(deficit model: Wynne, 1993;
Miller, 1983)という。日本やアメリカなどでは1960年代頃から遅
くとも1980年代頃までは欠乏モデルにもとづくリスクコミュニケ
ーションが主流であった。つまり，リスクコミュニケーションとは
正しい知識を正しく人々に説明し啓蒙する活動であると考えられて
いたのである。しかしながら，今日では欠乏モデルにもとづくリス
クコミュニケーションでは合意に至ることがほとんど無いことが多
くの事例で経験的にも明らかになっている。

(3) 情報・知識の質

欠乏モデルでは合意に達することが難しいことについていくつか
の理由が考えられるが，まず一つには非専門家には専門家が提供す
る情報・知識が本当に正しいのかを確認することが難しいことがあ
る。専門家としての資質には専門に関する情報の真偽を批判的に見
抜く技能がある。非専門家にはその技能が無い。そのため，専門家
が自分に有利になるように嘘をついているとの疑念が非専門家に生
じてしまうと，専門家がどんなに情報・知識を提供しても非専門家
にはまともに聞いてはもらえない状態に陥ってしまう。

　一般に，情報・知識が正しいかどうかを判断する難易度には，情
報・知識の質が関係する。情報・知識にはその性質によって，①

表5·2 情報・知識の種類とリスクコミュニケーションにおける効果

情報・知識の種類	リスクコミュニケーションにおける効果
単純な情報・知識 （simple）	説得効果がある
複雑な情報・知識 （complex）	わかりやすく伝えることで説得の可能性がある
不確実な情報・知識 （uncertain）	「万一のこと」を心配する相手には，危険方向への説得効果はあるが，安全方向への説得効果は期待できない
多義的な情報 （ambiguous）	説得効果がないだけでなく，相手を混乱させて不信をもたらすこともある

単純な情報・知識，② 複雑な情報・知識，③ 不確実な情報・知識，④ 多義的な情報・知識がある（**表5·2**）。

① **単純な情報・知識**（simple information/knowledge）：「雪 は 冷たい」「鉄は固い」のように，体験上よく知っている事柄や，体験すればすぐに了解できる情報・知識を単純情報・知識という。単純な情報・知識は，その真偽を誰でも容易に判断できるので，リスクコミュニケーションにおいて大きな説得効果がある。

リスクコミュニケーションでは，食品安全，運輸安全，原子力利用などさまざまな問題が対象となる。それらの問題のほとんどは単純な情報・知識だけで説明できるものではない。しかし，どのような問題であれ厳然たる事実は単純な情報・知識として機能する。すなわち，「○○を食べて死者が出た」「○○航空会社は事故を起こしたことがない」など事実情報は単純な情報・知識として機能して大きな説得効果を生じる。この意味で，リスクコミュニケーションにおいて事実に勝る情報・知識はないといえる。

② **複雑な情報・知識**(complex information/knowledge)：理 解 す るのにある程度の背景情報あるいは教養が必要である情報・知識，あるいは，演繹や帰納など論理操作ができなければ理解できない情報・知識，さらには，数式などの特殊な言語能力が無ければ理解できない情報・知識などは複雑な情報・知識である。非専門家にとって複雑な情報・知識は理解することには困難を伴う。しかしながら，複雑な情報・知識であっても，わかりやすく工夫をして，時間をかけて根気よく説明をすれば非専門家にも理解してもらうことが可能である。

科学技術に関係するリスクコミュニケーションでは，専門家は事象を複雑な情報・知識として把握しているが，非専門家に対して発信するときには，その情報・知識を誰にでもわかるように工夫をしてプレゼンテーションしなければならない。また，初めて聞く複雑な情報・知識を理解するには労苦と時間がかかるのであるから，相手がリスクコミュニケーションそのものに関心を持ち続けてもらうようにする努力も必要である。

③ **不確実な情報・知識**(uncertain information/knowledge)： 10年以内に富士山が噴火するか，喫煙の習慣がある者が癌を発症するか，自分が交通事故に遭うか，などは不確実な情報・知識である。これらは絶対に生じないと言い切ることはできないし，必ず生じると決めつけることもできない。意味する内容が真実であってもそれが現実化するかは確率でしか表現できないのが不確実な情報・知識である。

リスクコミュニケーションにおいて話し合いの内容となるリスクあるいは危険／安全は基本的に不確実な情報・知識である。第1章において述べたようにこの世に完全な安全は存在しない。つまり，

どのような事柄でも危険な結果となる可能性は，それが限りなくゼロに近い確率であったとしても，残るのである。リスクコミュニケーションにおいて，「少しでも危険なことが起こる可能性があるのであれば，万一のことを考えて認められない。」との意見に対して，正しい情報・知識を提供するだけで対応することは甚だ困難である。この場合，欠乏モデルは機能しない。

④ **多義的な情報**（ambiguous information/knowledge）：100 ミリシーベルト／年より弱い低レベル放射線被曝が発癌率に影響するかは，実はよくわかってはいない。広島と長崎の原爆被曝者を含めてこれまでの長年の被曝者調査結果では，100 ミリシーベルト／年の強さの人工放射線を被曝した人の発癌率が，人工放射線を全く被曝しなかった人の発癌率と変わらないからである（Shimizu et al., 1992 ; Prestom et al., 2004）。そのため，低レベル放射線の健康影響については研究者によってさまざまな考え方が主張されていて，決め手となる情報・知識がない。このように，真実は誰にもわかっていない，あるいは，同じ事象についてさまざまな見解や理論などが併存しているような情報・知識を多義的な情報・知識という。科学技術だけではなく，学問一般に最先端になるほどその成果は多義的な情報・知識となる。また，例えば未経験な経済状況に対する政策についての情報・知識は，実施してみなければわからない多義的な情報・知識であろう。

リスクコミュニケーションにおいて，専門家としての見解を求められた場合には正直に回答しようとするほど多義的な情報・知識を伝えざるを得なくなる。しかしながら，非専門家にとっては多義的な情報・知識による回答は，回答が無かったに等しい。何が正しいとするかを非専門家が判断しなければならなくなるからである。こ

のように，多義的な情報・知識について欠乏モデルが無効であることは明らかであろう。

(4) 専門家と非専門家を結ぶ合意形成のための信頼構築

リスクコミュニケーションにおいて，正しい情報・知識を正しく伝えれば皆の合意が成るとする欠乏モデルが機能しないあと一つの理由は，専門家だけでなく非専門家にも自尊心があり自分の認識が間違っているとは認め難いからである。冬山登山についての家族3人のリスクコミュニケーションの例では，両親は冬山登山についての知識がなくとも「親のプライドにかけて」自分たちの認識のほうが正しいのだと息子に言い張るかもしれない。さらに上述のように，非専門家にとって理解が困難な複雑な情報・知識，あるいは，不確実な情報・知識や多義的な情報・知識が提示された場合，明確な判断をつけにくいことから，相手は利益を得るために自分たちを騙そうとしているのではないかとの疑念が生じやすい。

しかし，冬山登山についての家族3人のリスクコミュニケーションの例で，この家族が深い愛情で結ばれておりお互いに信頼し合っているのであればどうだろうか。親のプライドはあるとしても，息子が真剣に望んでいることをプライドだけで反対することはないであろう。ましてや，たとえ理解や判断が難しいことを言われても息子が嘘をついているとは考えないはずである。このように，お互いの**信頼形成**が，リスクコミュニケーションを成就させる鍵であるとして1980年代頃から着目されてきている。

a. 信頼を高める専門的能力と誠実さ

社会心理学の説得研究において，説得に効果がある信頼は① **専門的能力**と② **誠実さ**から成ることが明らかにされている(Hovland

& Weiss, 1951)。病気で手術を受けることを考えてみよう。手術を受けるように説得されて同意できるのはどのような医師であろうか。やはり外科医としての能力が高くなければ信頼はできないであろう。そして，患者に誠実に対応してくれる医師であるほど信頼できると思うであろう。リスクコミュニケーションにおいても，専門家はもちろんのこと非専門家であっても能力が高いと認めてもらえるほど相手から信頼されることになる。また，不誠実であると思われてしまっては相手からの信頼は得られない。

b. 信頼を高める関わり合いの深さと双方向コミュニケーションの重要性

会ったこともない人を信頼することはできない。私たちは関わり合いが深まるほど相手を信頼できるようになる。リスクコミュニケーションにおいても，**相手との関わり合い**（コミットメント：commitment）を深めることは互いの信頼形成のために重要である。ザイアンス（Zajonc, R. B., 1968）はどのような対象であれ単に接触する頻度が多くなるだけでその対象に対する好意度が増すことを明らかにしている（**単純接触効果**）。

相手との関わり合いを深めるには，相手にこちらの言い分を伝えるだけで，相手の言うことには聞く耳を持たないような，いわゆる一方向のコミュニケーションであってはいけない。今日のリスクコミュニケーションは双方向の話し合い（**双方向のコミュニケーション**）であることが基本となっている。リスクコミュニケーションにおいて，専門家は相手がどのようなことを知りたいと思っているのか，そして，どのようなことに不安を覚えているのかをよく聞き取って，それに合わせて情報・知識を提供するべきである。また，非専門家は，自分の居住地域に密着した情報・知識，特に地域の特殊

性や歴史的な事実などについては専門家が知らない情報・知識を持っていることがある。リスクコミュニケーションでは，すべての参加者が自分が持っている情報・知識を積極的に発信し，また，相手の情報・知識にも耳を傾けて，問題の解決に向けて共に考える（**共考**：木下，2006）ことになる。このプロセスにおいて相互の信頼関係を構築してゆくことが**合意形成**にとって必須である。

c. 信頼を高める同じ価値観

価値観とは，何を実現したいのか（＝何が欲しいのか），あるいは，何を手に入れるべきなのかについての知識の体系である。したがって，**相手と同じ価値観**であるとは，実現したいと願っていることが同じであることを意味している。私たちは自分と同じ価値観の相手ほど信頼できると考える（Earle & Cvetkovich, 1995）。例えば，豊かな自然を守りたいと願っている者同士は，お互いには信頼し合えるが，自然を多少犠牲にしても経済発展を目指すべきだと主張する者を信頼はしないであろう。リスクコミュニケーションにおいて，相手と同じ価値観を持っていることが確認されれば信頼形成が促進される。また，たとえ相手と同じ価値観ではないとしても，相手の価値観をよく理解して尊重することはリスクコミュニケーションにおいて極めて重要である。このことからも，リスクコミュニケーションは双方向のコミュニケーションでなければならない。

d. 信頼を高める相手への愛情

真に愛情で結ばれた人たちが互いに信頼し合うのは当然であるが，功利的で表面的な愛情であってもそれがないよりはあるほうが信頼が高まる。リスクの定義を援用して愛情を定義してみよう。「相手は自分に利益を与える意志がある」かつ「相手は自分を危険に遭わせる意志がない」これが確認できたときに，私たちは相手から自分

が愛されていると思うのではないだろうか。そして，自分を愛していない者を信頼することは困難である。つまり，自分が愛してもいない人々から信頼されることはないと考えるべきである。より厳密に言えば，自分が愛していないことを知られてしまった相手から信頼されることはない。

リスクコミュニケーションにおいて，互いの合意が得られて問題が解決に向かうのは，相互の信頼関係が構築されたからであると言っても過言ではない。自分が愛情を持っていることを相手に理解してもらう，すなわち，自分あるいは自分の組織が，相手の利益を最大化しかつ相手の危険を最小化することに努めている事実を相手に認めてもらうことが信頼形成にとって重要である。

5-2
現実社会におけるリスクコミュニケーション

独立行政法人科学技術振興機構に組織された科学コミュニケーションセンターは，平成26年に日本における食品，化学物質，原子力，感染症，地震・津波，気候変動に関するリスクコミュニケーションの事例調査報告を行っている。その報告書の中で，日本におけるリスクコミュニケーションが図5・1に示される実態となっていると取りまとめている。図5・1にしたがって，現実社会におけるリスクコミュニケーションがどのようなものであるかを説明しよう。

(1) リスクコミュニケーションの参加者(アクター)

現実社会においてリスクコミュニケーションの担い手となる参加者，すなわち，アクターには，市民，行政，メディア，事業者，専

5-2 現実社会におけるリスクコミュニケーション

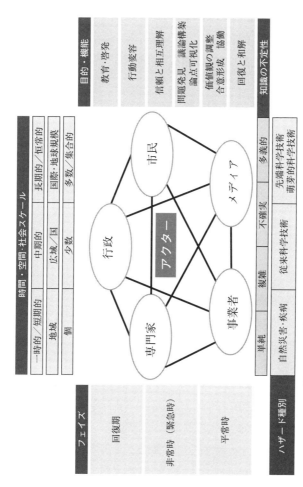

図 5・1 現代社会におけるリスクコミュニケーションの構図
出典）科学コミュニケーションセンター (CSC), 科学技術振興機構 (JST) (2014) より

門家がある。

民主主義社会において重要な社会の決定は最終的に市民が担うことになる(**主権在民**)。したがって,広く社会に関わるリスクについてのコミュニケーションのアクターは市民である。ここで市民には,一般市民だけではなく消費者団体や各種 NPO などの市民団体も含まれる。

市民の委託を受けて実際に権力を行使する行政もリスクコミュニケーションのアクターである。行政は許認可権などを用いて社会のリスクをコントロールする立場にある。そのため,**説明責任**と**情報開示**の義務がありリスクコミュニケーションを行う義務がある。

メディアは,取材などによって多種多様な大量の情報を集めて市民に提供している。実際,今日では市民の主要な情報源はメディアである。メディアは従来**マスメディア(報道機関)**だけであったが,インターネットとスマートフォンなどの携帯端末の普及・性能向上に伴って**ソーシャルメディア(ツイッター**などの **SNS)**もまた市民の重要な情報源となってきている。さらに,ソーシャルメディアは市民の情報発信の場ともなっている。メディアは,メディアとしてのリスクに関する認識と判断を情報発信することができる。そのことから,メディアもリスクコミュニケーションの一翼を担うアクターである。

自然災害に関するリスクや安全／危険を除けば,社会におけるリスクは社会の富(衣・食・住・運輸・エネルギー・サービスなど)を確保して増そうとする活動に伴って生じるものである。社会の富を確保し増やす主な担い手は会社などの事業者である。そのため,事業者はリスクコミュニケーションの主要なアクターとなることが多い。また,自然災害に関するリスクや安全／危険であっても,原子

力発電所のように自然災害によって被害を受けた場合にさらに過酷な被害を社会にもたらしかねない施設を運営する事業者はリスクコミュニケーションのアクターとなる。

本章ではこれまで専門家を当該リスクや安全／危険について比較的に詳しく理解している者として，行政や事業者なども含まれるとして用いてきた。しかしながら，現実社会におけるリスクコミュニケーションでは，「専門家」はより限定的な意味で用いられる。すなわち，大学教授など当該リスクについて造詣の深い学識者や，パイロットなど当該リスクに深く関わった経験を持つ者が専門家とよばれている(本章では以降，専門家をこの限定的な意味で用いる)。専門家は当該リスクについて社会で最も詳細で妥当な情報・知識あるいは見解を持っていると期待されるため，リスクコミュニケーションの他のアクター，すなわち，市民，行政，メディア，事業者から情報・知識の提供や見解の表明を求められる。この意味において専門家はリスクコミュニケーションのアクターである。また，専門家は当該リスクに利害関係がない立場であることが多いため，第三者として当該問題に介入するアクターとなることもある。

なお，リスクコミュニケーションでは利害関係の観点から，アクターのうち特に，市民，行政，事業者を**関係者(ステークホルダー)**とよぶこともある。メディアや専門家も問題について利害関係が発生した場合には関係者となる。

(2) リスクコミュニケーションの目的と機能

リスクコミュニケーションを行う目的と，成果が得られる機能は問題の性質によって異なる。

① **教育・啓蒙**：教育・啓蒙を目的とするリスクコミュニケーシ

ョンは，欠乏モデルにもとづくものであるが，人々に情報・知識が不足している現状を改善しようとするリスクコミュニケーションが必要とされる問題もある。例えば，新型インフルエンザやジカウイルスのようなこれまであまり知られていなかった疾病の流行が懸念される場合には，正しい対応方法をとるように社会全体に対して教育・啓蒙する必要がある。また，津波からの避難など自然災害に対するより効果的な対応についての教育・啓蒙を目的とするリスクコミュニケーションも望まれる。教育・啓蒙を目的とする場合にはメディアによる情報・知識の提供が大いに機能する。

② **行動変容**：交通安全などのためのリスクコミュニケーションでは，人々の行動変容を目的とすることがある。例えば，最高速度を遵守する，スマホを見ながら自転車に乗らないなど，人々の行動を変えてもらうことを目的としたリスクコミュニケーションが必要となることがある。ただし，現代日本のように民主主義社会で基本的人権が守られた社会では，人々の行動は基本的に自由であり，学校や会社などの組織内でのリスクコミュニケーション，あるいは，法律による規制や罰がともなうリスクコミュニケーションでなければ，行動変容を目的とするリスクコミュニケーションは機能しないことが多い。

③ **信頼と相互理解**：工場を新設したいとする事業者と地元住民とのリスクコミュニケーションなどでは，具体的な被害・危険についての話し合いを通じて，両者間の信頼と相互理解を達成することが最終的な目的となるのが実際である。もちろん，具体的な被害・危険について話し合い合意を得ることは必要条件であるが，今後もリスクコミュニケーションを継続していかなければならない問題であるならば，目先の合意だけでなく信頼と相互理解を形成すること

をより重要な目的としたリスクコミュニケーションであるように心掛けるべきであろう。

④ **問題発見・議論構築・論点可視化**：問題によっては，どのアクターも断片的な情報・知識しか持っておらず，何が問題なのかすら明確になっていないことがある。そのような場合のリスクコミュニケーションでは，問題を発見して議論を構築し，論点を可視化することが目的となる。例えば，福島第一原子力発電所の事故処理においてトリチウム水を海洋放出する問題について，原子力の専門家や事業者は，トリチウム水海洋放出による環境影響のうち健康被害については当初から詳しい情報・知識を持っていたかもしれない。しかし，トリチウム水海洋放出による水産物への風評被害については気づいて情報・知識を集めていただろうか。あるいは，現在稼働している他の原子力発電所でのリスクコミュニケーションに及ぼす影響についてはどうだろうか。このように，何が問題であるかを明確にして，適切な議論を構築することを目的としたリスクコミュニケーションがある。

⑤ **価値観の調整・合意形成・共働**：人々の価値観は多様である。安全あるいは被害・危険について話し合うときには，価値観そのものがぶつかり合うことがある。例えば，「貴重な自然を守るためには人の立ち入りを一切禁止しなければならない」とする価値観と，「貴重な自然は守るべきだが，観光開発をして地元経済も活性化しなければならない」とする価値観は，そのままでは相容れない。リスクコミュニケーションにおいて合意が達成できないのは，そもそも互いの価値観が相容れないからであることが多い。そこで，このような場合には，互いの価値観を摺り合わせて，互いに妥協できる点を見いだして合意を形成して，ともに働く関係を構築することが

リスクコミュニケーションの目的となる。

⑥ **回復と和解**：安全あるいは被害・危険をめぐって敵対的な関係ができてしまうことがある。例えば，化学工場や鉄道会社が多数の死者を出す大事故を起こしてしまったとしよう。被害者やその遺族は事故を起こした事業者を許すことができないであろう。しかし，その事業者が今後も事業を継続してゆこうとするならば，二度と同様の事故を起こさないためのリスクコミュニケーションを被害者やその遺族にも参加していただいて行う必要がある。そこでのリスクコミュニケーションの主たる目的は事故の再発防止であるが，回復と和解もまた目的の一つとなる。

(3) リスクコミュニケーションの空間的広がりと時間的広がり

リスクコミュニケーションは，本章の冒頭の例のように家族や親族，あるいは，会社の一部署内だけで行われることもある。このような場合には個人レベルでのコミュニケーションとなる。

会社内で済むリスクコミュニケーションであっても，複数の部署が関係する場合，特に，本社と現場を交えたリスクコミュニケーションとなると，特定の立場を取る集団間のコミュニケーションとなりやすい。

さらに，社会全体に関係する問題となると，事業者，行政，市民，さらにはメディアや専門家もアクターとなる集合的なコミュニケーションとなる。**集合**とは，立場や役割が定まっていない人々の集まりをいう。事業者と行政は組織であるので当該リスクについて責任と義務を伴う明確な見解を表明することができるが，市民，メディア，専門家はリーダーやメンバーシップが曖昧な集合であるため，その見解には道義的な意味合いでしか責任と義務を伴うことができ

ない。したがって，集合的なコミュニケーションでは，選挙や住民投票などを経て最終的な解決が図られてゆくことになる。

リスクコミュニケーションは，問題が及ぶ空間的範囲で分類することもできる。ある特定の地域，少なくとも一つの県内だけが関係する問題もあれば，複数の県にまたがる場合や国全体の問題となるリスクが話し合われることもある。さらには，地球温暖化問題など国際間で話し合わなければならない問題についてのリスクコミュニケーションもある。

問題解決に要する時間でリスクコミュニケーションを分類することもできる。せいぜい数か月程度で解決する／解決させなければならない一時的あるいは短期的な問題についてのリスクコミュニケーション，数年から十数年を目処に解決を図ることになる中期的な問題についてのリスクコミュニケーション，高レベル放射性廃棄物の地層処分問題など問題の提起から事業の終了まで百年単位の期間を要する長期的な問題についてのリスクコミュニケーションがある。さらには，地震や火山噴火など決してなくなることはなく恒常的に存在する問題についてのリスクコミュニケーションもある。

(4) 問題の状況（フェイズ）

被害・危険はまだ発生していないけれども将来的に発生が予想される被害・危険に対応しようとしてリスクコミュニケーションが行われる場合がある。これが**平常時のフェイズ**におけるリスクコミュニケーションである。

これに対して，現在進行形で発生し続けている被害・危険に対応するためのリスクコミュニケーションもある。これは非常時あるいは**緊急時のフェイズ**におけるリスクコミュニケーションである。

さらに，被害・危険の発生は終息したけれども，被害・危険に遭った地域や人々の復旧・復興のために行われるリスクコミュニケーションもある。これが**回復期のフェイズ**におけるリスクコミュニケーションである。

(5) 問題となる被害(ハザード)

リスクコミュニケーションは，問題となる被害・危険の種類によっても分類される。大きく分ければ，自然災害・疾病という**自然由来の被害・危険**と，科学技術利用に伴う被害・危険すなわち**人工由来の被害・危険**である。

地震，津波，台風，豪雨，高潮，旱魃，冷害などの自然現象に対して，人類は未だ予測できる程度の知恵しか持っていない。これらの発生を止める，あるいは，都合のよい場所・時間に発生させる制御する知恵はない。伝染病などの疾病に対しては，ある程度の予測と制御の知恵を人類は持っているといえるが，病原菌やウイルスはインフルエンザのように遺伝子構造を変えて新たな疾病として現れることがあり，また，エイズやジカウイルスのように突然に世界的な大流行(パンデミック)になる疾病もある。これらの疾病を制御する知恵を持つには数年から数十年という相応の時間がかかることから，制御できるようになるまでの期間，人類は制御できる知恵がない状態に置かれる。

自然現象・疾病は，誰にでもある意味平等に被害・危険が及ぶ。また，自然現象・疾病の発生には誰にも責任はない。このことから，自然現象・疾病そのものについてのリスクコミュニケーションは比較的に容易に合意を達成することができる。しかしながら，自然現象・疾病の被害対策についてのリスクコミュニケーションは，合意

が困難となることがある。例えば，津波対策として高さ 20 m の防潮堤を建築することは，海が見えない塀に囲まれたまるで刑務所のような街作りをすることになると考える人，あるいは，観光業に打撃となると考える人などが反対する場合がある。この場合には，合意形成は容易ではない。

科学技術利用に伴う被害・危険すなわち人工由来の被害・危険は，さらに，昔から伝統的に用いられてきた**従来科学技術**の被害・危険と，最近になって利用を提案された**先端科学技術**あるいは**萌芽的科学技術**の被害・危険に分けられる。

従来科学技術は昔から伝統的に用いられてきた科学技術である。従来科学技術のほとんどは長年にわたり改良が積み重ねられてより安全なものに進化してきている。また，第2章で述べたように，お祭りや刀鍛冶など伝統的に昔から行われてきたものについては多少の被害・危険があったとしても私たちはそれを受け入れる傾向がある。例えば，伝統的な工法で長年運営されてきたある種の魚干物工場からは独特な匂いが周囲に広がることがある。これが公害だとして問題視されることは少ない。むしろ逆に伝統的な科学技術を保存せよとの社会的圧力がかかることも多い。したがって，従来科学技術の利用についてのリスクコミュニケーションは利用を継続する方向での合意がなされやすい。

それに対して，先端科学技術あるいは萌芽的科学技術の被害・危険は，大多数の人々にとって未知の被害・危険である。第2章で述べたように，私たちにはよく知らないものは自動的に危険なものであると判断する心理メカニズムがある。したがって，先端科学技術・萌芽的科学技術は最初から人々に危険なものとして見なされる傾向がある。さらに，先端科学技術・萌芽的科学技術の安全性ある

いは被害・危険については，不確実な情報・知識や多義的な情報・知識を提供でしか説明することができないことが多い。不確実な情報・知識と多義的な情報・知識がリスクコミュニケーションにおいて機能しないことは5-1節(3)において述べたとおりである。このため，先端科学技術・萌芽的科学技術の利用を社会に受け入れてもらうためのリスクコミュニケーションは困難である場合が多い。

● ● ● 5-3 ● ● ●
社会におけるリスクコミュニケーションの歴史的推移と今後の展開

(1) リスクコミュニケーションの歴史

公害問題などの環境問題に関して，ライス(Leiss, W., 1996)はアメリカ合衆国におけるリスクコミュニケーションは3段階に進展してきたと指摘している。

第1段階は，アメリカ合衆国では1970年代半ばから1980年代半ば頃であり，リスクコミュニケーションの主たる目的は情報公開であった。すなわち，例えば当時は企業が工場内で使用している化学物質などは，環境に排出された場合に健康被害をもたらすリスクがあるものであっても，企業秘密としてその情報を秘匿することが可能であった。第1段階ではこのリスク情報を公開することがリスクコミュニケーションであったのである。この背景には公害問題の深刻化などにより市民から情報公開要求が高まったことがある。現在では，日本の場合，**化学物質排出把握管理促進法(PRTR法：1999年制定)**によりリスクのある化学物質の排出・移動を事業者は国に届け出る義務があり，国民は国にその情報の開示請求ができる制度になっている。このように，現在ではリスク情報は公開が当然

とみなされるようになっている。

第2段階は，アメリカ合衆国では1980年代半ばから1990年代半ば頃であり，リスクコミュニケーションの主たる目的は説得であった。社会の民主化が進んだことにより，政策や企業活動を遂行する場合には市民の同意を得ることが必須となってきた。行政機関や事業者は欠乏モデルにもとづいて，産官学の専門家が非専門家である市民に「正しい」リスク情報を伝えて説得することがリスクコミュニケーションとなったのである。さらにはこの段階では，市民にあえて不安感を持たせる必要はないとの立場から，程度の軽微な危険情報あるいは確率の低い危険情報を伝えずに100%安全であるとの説得がなされることがあったことも事実である。

しかしながら，すでに述べたように遅くとも1990年代半ば以降，アメリカ合衆国，日本，欧州などでは，欠乏モデルにもとづく説得を目的とするリスクコミュニケーションでは，特にコンセンサスコミュニケーションにおいて，リスクをガバナンスすることが困難であることが明らかになってきた。そこで，ライスはアメリカ合衆国においてリスクコミュニケーションは新たな第3段階に移ったとした。これが前節において述べた今日の現実社会におけるリスクコミュニケーションである。

(2) リスクコミュニケーションのさまざまな形態と今後の展開

本章においては，リスクガバナンスにおける対話を，関係者（ステークホルダー）間の合意形成をめざすコンセンサスコミュニケーションに焦点を当てて論じているが，現代社会においては，危機管理としての危機コミュニケーション，被害者に寄り添いまた誤解にもとづく風評などの二次被害を防ごうとするケアコミュニケーシ

ョンなどもリスクコミュニケーションとよばれて実践されている。現代社会におけるリスクコミュニケーションの例をいくつか挙げれば次のようになる。

経済産業省や環境省に関連する事柄では，公害問題など化学物質のリスクについて世間からの理解を得て事業について合意を形成するコンセンサスコミュニケーションが重視されてきた。また，原子力利用や送電・配電設備にかかわる電磁界(電磁波)など電力事業についてのコンセンサスコミュニケーションやケアコミュニケーションも行われてきている。

食品安全については，狂牛病(BSE)問題を契機に農林水産省と厚生労働省が中心となって食品安全委員会が組織されたこともあって，リスクコミュニケーションが積極的に行われてきている。ここでは風評被害防止も重視されている。

医療現場では，患者にも治療についての理解を求めて，患者と医師が共に納得する医療をめざすケアコミュニケーションが導入されている。

災害対策では，気象庁や自治体などがさまざまな情報伝達方法(チャネル)を用いて世間に多くの災害情報を効果的に伝達する努力をしている。これについては第6章で詳述する。

今日では，これらの他にもさまざまなリスクコミュニケーションが実践されており，また，行政機関や事業者からだけではなく，各種のNPOなど市民団体からのリスクコミュニケーションも実践されている。

今後のリスクコミュニケーションの展開を示唆する例として文部科学省の取り組みを紹介する。文部科学省(2017)は，市民の科学技術に対する理解を促進しようとする**科学コミュニケーション**

(Science Communication)の枠組みでリスクコミュニケーションを捉え,リスクコミュニケーションが科学技術の新たな発展(イノベーション:Innovation)をもたらす方策となるとして検討してる。文部科学省(2017)によれば,リスクコミュニケーションは次のように進化してきているとしている。最初(第一期)は,産官学の専門家が市民の理解を促進させようとする一方向のコミュニケーションであった。次に(第二期),市民も発言するようになったが,市民も産官学の専門家もお互いに自分の主張をするだけの二重の一方向コミュニケーションであった。そして(第三期),産官学の専門家と市民が対話をするようになった。この対話には両者の間に**科学技術コミュニケーター**が介在するようになった。この対話が成熟することによって(第四期),産官学の専門家も市民も社会と共に問題点を発見しようとする**参加型のコミュニケーション**となった。そして今後は(第五期),リスクコミュニケーションによって産官学の専門家と市民が社会と共に問題を解決する「共創イノベーション」が可能になるとしている。

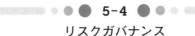

5-4 リスクガバナンス

(1) さまざまな制約のなかでの安全確保

　私たちはできる限り安全で危険がない生活,人生,社会でありたいと願っている。しかしながら,現実問題としてリスクを低減して安全を確保する/危険を避けるための方策を行うにはいくつもの制約がある。まず,安全のために使うことができる予算には限りがある(**経済的制約**)。いくら健康によいからといって一食百万円もする

食事を毎日取ることは普通の人にはできない。また，優秀な人材を集めることにも限りがある（**人的制約**）。確かにより優秀なスタッフがより大勢で担当するほど安全は高まるであろうが，実際問題として最も優秀な人材をいつでも好きなだけ集められるわけではない。さらに，安全のための方策は一定の期間内に実施して完了しなければならない（**時間的制約**）。時間をかけるほどにより安全になってゆくであろうが，例えば，30年以内に80％の確率で発生するであろうと見込まれる大地震への対策に200年もかけることはできない。

　このように，経済的制約，人的制約，時間的制約などがあるなかで，私たちは安全を確保するために常識的で可能な範囲内で最善を尽くすことになる。これを **ALARA基準**（As Low As Reasonably Achievable）という。ここでいう「**常識的で可能な範囲**」を決定することは，「どれほど安全であれば十分に安全であるといえるか（How safe is safe enough?）」を決定することでもあるといえる。そのために，私たちは客観的なデータを集めて理性的に判断をするが，最終的には理性だけでは決められない部分が残る。それは，第1章で述べた安全の定義（ISO guide 51, 2014）に関連することであるが，どれほどの安全ならば許容できるかという心理的に決定しなければならない部分である。例えば，「耐震補強にそんなにお金がかかるのなら，私の家はそこまで安全にする必要はない」というように，経済的制約，人的制約，時間的制約などを考慮して「常識的で可能な範囲」すなわち許容できる安全の程度を心理的な基準で決定することになる。

　これが，個人の問題ではなく社会の安全／リスクに関係する問題であるならば，リスクコミュニケーションを行って決定することになる。すなわち，リスクコミュニケーションによる合意は，当該リ

スクに対して安全を確保するための「常識的で可能な範囲」についての合意であり，どこまで安全にすれば十分に安全であると皆が許容できるかについての合意である。

(2) さまざまなリスクを調整する

世の中にはさまざまなリスクが存在しており，それぞれのリスクは互いに関連している。例えば，食品添加物である防腐剤は，実際には，認可されている防腐剤に発癌性などは無いものの，身体に悪いのではないかと考える人は多い。そこで防腐剤のリスクを避けるために防腐剤の使用を止めれば逆に食中毒のリスクが高まる。同様に，子宮頸癌ワクチンを接種すれば子宮頸癌罹患などのリスクをかなり低減することができるが，一方で子宮頸癌ワクチンによる深刻な副作用のリスクも指摘されている。このように，あるリスク／危険を低減させようとする行為は，同時に別のリスク／危険を高めることがある。

また例えば，高速道路を時速 80 km で走行することは時速 100 km で走行するよりも安全を高めるが，目的地への到着時間は遅くなってしまう。このように，リスクを低減して安全を高める行為は得られる利便性を低めてしまうことが多い。

経済的制約，人的制約，時間的制約などを考慮したうえで，さまざまなリスクを調整して全体として最適な安全を確保しようとすることを**リスクガバナンス**という。

リスクガバナンスは，科学として客観的なデータにもとづきシミュレーションなども用いて最適解を得るための研究がなされている。しかしながら，上記のように，リスクあるいは安全／危険の評価については最終的には人間の心理的な基準による部分が残るため，ヨ

ーロッパ特に北欧の研究者を中心にリスクガバナンスは心理学の問題であるとする研究動向もある。

(3) 政策としてのリスクガバナンス

政府や地方自治体には，行政，立法，司法をつうじて，社会全体のリスクガバナンスを実施する責任がある。そのリスクガバナンスは，どの政府・地方自治体でも同じとはならない。それぞれ置かれた状況が異なるからである。例えば，アフリカではイナゴなどの害虫が大量発生することがある。害虫が大量発生すると穀物を食い尽くしてしまうため，害虫が大量発生した翌年には食糧不足から餓死者が出ることすらある。このような状況では，害虫の大量発生を効果的に食い止める効果がある農薬は，たとえ発癌性が強く疑われるものであっても危険であるとはみなされない。そこでは，農薬による発癌リスクを回避することよりも，食糧不足により餓死者が出るリスクを回避することを優先するリスクガバナンスがなされる。一般に，貧しい状況では利益を求める欲求が強くなるため，多少の危険は安全の範囲内にあるとみなされやすい。逆に，豊かな状況では利益への欲求がそれほどには強くならないため，わずかな危険でも許容できないものとみなされやすい。

社会にはさまざまな状況の人々がおり，また，人々の価値観も多様であることから，リスクあるいは安全／危険についての見解は一つにまとまらないことが多い。そのなかで一定の方針を示してリスクあるいは安全／危険に対処するのが政策としてのリスクガバナンスである。

政策としてのリスクガバナンスには，大きく分けてトップダウン型とボトムアップ型の2つのタイプ(型)がある。**トップダウン型の**

リスクガバナンスは，行政担当者や技官など優秀な政府関係者が，優秀な専門家などからの協力を得て安全対策を考案し，一般の人々や事業者に指導・命令することで実施するリスクガバナンスである。これに対して，社会の民主化が進み，多くの人々が高等教育を受けているいわゆる「成熟した」民主主義社会では，自らがリスクガバナンスを行うことができると自負する市民が多くなり，一般の人々の多くが安全な対策を自ら考えて決定することを希望するようになる。これが**ボトムアップ型のリスクガバナンス**である。

　トップダウン型でリスクガバナンスする政府関係者や専門家の価値観と多くの一般の人々の価値観が乖離しておらず，また，政府関係者や専門家からの説明が一般の人々にもよく理解できるものであるか，理解できなくとも一般の人々が政府関係者や専門家を信頼しているならば，結果的にトップダウン型のリスクガバナンスとボトムアップ型のリスクガバナンスは一致することになる。しかしながら，政府関係者や専門家は，往々にして，一般の人々とは異なる価値観を持っていたり，理解できない説明に終始したり，一般の人々から信頼を得られないことがある。その場合，民主主義社会では，政策を決定するのはあくまでも一般の人々であるので，ボトムアップ型のリスクガバナンスが優先されることになる。

　もちろん，ボトムアップ型のリスクガバナンスがいつでもトップダウン型よりも優れているわけではない。一般の人々の無理解のために，安全に必要な対策を取ることができない，あるいは，安全にとって不必要な対策に莫大な費用をかけてしまっていることも現実にはある。例えば，狂牛病対策として日本で実施された全頭検査は，消費者を安心させるという効果はあったが科学的には何の意味もないものであった。

適切なリスクガバナンスがなされるためには，リスクや安全／危険についての科学的な検討と共に，適切なリスクコミュニケーションがなされる必要がある。

◀ ま と め ▶

❑ 社会において安全／危険やリスクに対処するために，リスクについての情報を交換して共有しようとすることがリスクコミュニケーションである。リスクコミュニケーションでは，リスクについて詳しい産官学の専門家と一般市民との間のコミュニケーションとなることが一般的である。

❑ リスク情報に乏しい一般市民には，正しい情報を正しく伝えれば専門家と同じ判断をするようになるとの考え方（欠乏モデル）は，今日の社会では誤りである。

❑ 不確実な情報や多義的な情報では，一般市民は安全性について判断することが困難である。その場合，産官学の専門家に対して不信感がもたれることがある。

❑ 社会においてリスク情報・知識を共有して同じリスク判断に至る合意形成を達成するためには，関係者間の信頼形成が重要である。

❑ 今日の社会において，リスクコミュニケーションの担い手（アクター）は，市民，行政，メディア，事業者，専門家である。

❑ 社会において安全／危険やリスクに対処するリスクガバナンスにおいては，経済的制約，人的制約，時間的制約などさまざまな制約があるため，常識的で可能な範囲内で最善を尽くすことになる。これをALARA基準という。

◀ より進んだ学習のための読書案内 ▶

平川秀幸・土田昭司・土屋智子（2011）．『リスクコミュニケーション論』大阪大学出版会

　　☞ リスクコミュニケーションの基本的概念から具体的な実践方法までわかりやすく解説している。

広瀬幸雄（編著）（2011）．『仮想世界ゲームから社会心理学を学ぶ』ナカニシヤ出版

☞仮想世界ゲームという研究手法を用いて，リスクコミュニケーションなどの集団討議において生じる心理過程の諸問題を解説している。

木下冨雄 (2016).『リスク・コミュニケーションの思想と技術：共考と信頼の技法』ナカニシヤ出版

☞リスクコミュニケーションについて長年にわたり数多くの研究と実践を行い，日本のさまざまな問題についてのリスクコミュニケーションにかかわってきた著者による，現在までの集大成的論考である。

谷口武俊 (2008).『リスク意思決定論』大阪大学出版会

☞個人のリスク意思決定過程だけでなく，集団におけるリスク意思決定過程，社会におけるリスク意思決定過程について，リスクガバナンスとして諸外国の実例も交えて解説している。

6章

災害報道と心理

命を守る情報のありかた

◀キーワード▶
災害報道,メディア・イベント,リアリティの共同構築,社会的逆機能,ローカリティ

　高度に情報化された現代社会において,災害報道の機能を充実化することが,より強く求められるようになってきている。首都直下地震や南海トラフ巨大地震などの「**スーパー広域災害**」の危機が迫る日本では,それはまさに喫緊の課題といえる。

　災害報道は,人々の心理と密接に結びついている。例えば,リスク情報を手にした人が,その重要性を察知して,予防や避難などの適切な行動を起こさなければ,せっかくの報道も無駄になってしまう。情報は,ただそこにあるだけでは意味をなさない。情報は,事態に関係する主体にとって,**リアリティ**(reality)のあるものでなければならない。

　このような「災害報道と心理」の問題を超克するには,災害対応事象の総体を射程におさめる統一的・体系的な理論が求められる。

6-1
メディア・イベントとしての災害対応

(1) 災害報道研究の立脚点

　ポスト 3.11(例えば，大澤，2012)と言われる現代日本社会において，災害報道研究は，未成熟な段階にある。

　日本で"災害情報"が社会心理学の関心事となったのは，廣井によれば，1970 年代頃である(廣井，2004)。例えば中森(2008)によれば，1976 年の駿河湾東海地震仮説の発表や，1978 年の伊豆大島近海地震の"余震情報パニック"などのトピックが，災害報道に関する研究調査活動を促進させる契機となった。

　その後も，1982 年の浦河沖地震，同年の長崎水害など，相次ぐ災害の発生とその対応策を求める社会的な要請が連動するかたちで，当該分野は進展を遂げていった。また，こうした眼前の問題に取り組む研究活動と並行して，過去の災害報道に関する検証作業も行われるようになった。例えば，1923 年の関東大震災における災害報道と住民行動の関係を，多方面の文献記録をもとに分析した研究成果などがその一例としてあげられる(廣井，1987)。

　そして 1995 年に，**阪神・淡路大震災**が発生すると，都市の直下を襲った"不意打ちの災難"をめぐる災害報道において，取材の過集中やプライバシーの侵害など，由々しき問題が数多く見出され，"少なくとも研究上は"重要な転換点を迎えた(例えば，野田，1995; 廣井，1996; 小城，1997)。しかしながら，そうした衝撃が，災害報道の充実化につながったのかといえば，残念ながらそのように断ずることは難しい。災害報道の現況を見渡してみれば，さまざまな課題が積み残されたままであることが，容易に理解できるはず

表6·1 災害報道をめぐる主な課題群

1	センセーショナリズム
2	映像優先主義
3	集団的過熱報道
4	横並び
5	クローズアップ効果
6	一過性
7	報道格差
8	中央中心主義
9	プライバシーの侵害

出典）李・近藤・矢守(2013)に加筆

である。代表的な課題を**表6·1**に例示する(李・近藤・矢守, 2013)。

こうした課題群が残存していることを再び社会に見せつけたのが，2011年の**東日本大震災**だった。3.11報道におけるトラブルの多くは，すでに何度も繰り返し指摘されてきたことばかりであった。"何も変わらない／変えようとしない"ように見えるマスメディアを論難する言葉として，「**報道災害**」というフレーズが使われたり(e. g., 上杉・烏賀陽, 2011)，もっと厳しく「報道の脳死」と言い切ったりするような著作まで登場してきている(烏賀陽, 2012)。

しかし，こうした「マスメディアの超えるべき課題」(関谷, 2012)の多くは，情報の送り手側だけをただせば済むものばかりではなく，情報の受け手側の態度如何に関わっているものも多い。災害報道をめぐる主体の「関係性」という視座を，災害報道研究の中でしっかり基礎づける必要がある。

(2) 災害報道が果たすべき機能

中村(2012)の定義によれば，災害報道とは，「災害の状況を伝え

たり論評するジャーナリズム機能」と「災害の被害を軽減するための情報を提供する防災機能」をあわせもっている。このような"機能の側面"に着目した定義を参考にしながらも，"被災者の観点"を最重要視して，災害報道を再定義してみよう。

災害マネジメントサイクルの局面に沿って災害報道の諸機能をまとめると，①災害発生の直前・直後に行われる**緊急報道**，②その後の復旧・復興期に行われる**復興報道**，③おもに平常時に行われる**予防報道**の3項目となる（近藤，2015，2016）。もちろん，この分類はあくまで便宜的なものであり，ひとつの被災地においてさえも，それぞれの局面が単線的・不可逆的に変遷していくとは限らない点に注意しなければならない。緊急報道と復興報道が並行して行われたり，復興報道の途上に二次災害が発生して緊急報道が始まったり，混乱期にあっても先手を打って予防報道が行われたりすることがある。

また，災害報道の機能と実際の効果には，ずれが生じる場合もある。報道従事者のねらいとは別に，例えば復興報道を丹念に行うことが，ひるがえって，未来の被災者に対する予防報道につながることも十分考えられる。緊急報道も同様に，それが防災活動の普及・啓発につながっている場合が多いことは，理解しやすいだろう。

災害報道の3機能，緊急報道・復興報道・予防報道は，被災者（そこには，未来の被災者も含まれる）の立場からみて，それぞれ重要な使命を担っている。緊急報道では，救命・救助活動に資すること，復興報道では，被災者の暮らしに資すること，予防報道では，防災・減災の取り組みに資することである。これらを平易な述語で言い表せば，①「救う」，②「支える」，③「守る」ということになろう。それぞれの述語の目的語には，究極的には「いのち」があて

はまる。

災害報道の充実化を志向するためには，これらすべての機能を，統一的・包括的に検討することができる理論の枠組みが求められる。しかしこの点が，これまで不十分であった。中森（2008）も，「災害報道の特性の一般化や新たな分析モデルの検討を行うことなどが，災害報道研究を，さらに発展させていくための課題」となっていると，同様の趣旨のことを述べている。

(3)「メディア・イベント論」の援用

リップマン（Lippmann, W.）が，「大衆が読むのはニュース本体ではなく，いかなる行動方針をとるべきかを暗示する気配に包まれたニュースである」（Lippmann, 1922）と指摘して以来，「**情報**」の層よりもその背後にある「**リアリティ**」の層を注視することの重要性が，繰り返し指摘されてきた（e. g., 近藤，2015, 2016）。

ブーアスティン（Boorstin, D. J.）は大衆消費社会・情報化社会の到来を見据えて，人々の欲望を満たすためにメディアが製造したイメージを「擬似イベント」と名づけた（Boorstin, 1962）。同じ頃，メディア自体が人間の経験や社会関係を構造化する力があることを分析したのがマクルーハン（McLuhan, M.）だった（McLuhan, 1962）。

ブーアスティンとマクルーハン，この両者の洞察の延長線上に，メディアが関与する出来事の構造とその影響力を“総体として”分析する理論，ダヤーン（Dayan, D.）とカッツ（Katz, E.）の「**メディア・イベント論**」をおくことができる（Dayan & Katz, 1992）。

ダヤーンとカッツは，メディア・イベントの定義として，少なくとも 11 項目の要件が必要であるとしている。そして，災害報道などの突発事象はメディア・イベントにはあたらないと考えていた。

11 項目とは，① メディア・イベントは，その定義からいって，日常的なものではない。② その出来事はライブである。③ それは起こっているときにリアルタイムで放送される。④ メディアの外部で催される。⑤ 主催者は，ほぼ既成権力の内側にいる。⑥ テレビのことを念頭において計画されている。⑦ 前もって予告され，宣伝されている。⑧ テレビの介入がめったにない。⑨ それらは，歴史的なものだと宣言される。⑩ 視聴者を集団的にテレビの前に集める。⑪ こうした放送は，社会を統合し，その正統的権威に対する忠誠を更新する，以上である。

① 〜④ は，すぐに災害報道においても適合的であることがわかる。⑤ にいう「主催者」は，災害報道の場合，情報を作出している主体が気象庁などの行政機関や専門家に集中していることを鑑みれば，「既成権力の内側にいる」とみなすことができる。⑧ は災害報道でも十分あてはまる（物理的に介入しようがない）し，⑨ は被害が深刻であればあるほど「歴史的」という位置づけを与えられる。⑩ は，避難開始前の行動や避難所での行動を想起すれば，これも該当するものだと言える。⑪ は，災害報道が最終的に社会秩序を日常のほうに引き戻そうとする作用があることを考えれば，やはり関連が深いことがわかる。

さて問題は，⑥ と⑦ である。これらは，自然災害においては，原理的にはあり得ないことのように思える。しかし，「**情報の環境化**」（藤竹，2004）が進んだ高度情報社会では，すでに状況は一変したと考えることができる。日本では，各種予警報や避難勧告・避難指示などの災害情報は，気象庁や行政機関がメディアを通じて国民・住民に知らせることが制度化されており，例えば，災害対策基本法や放送法や気象業務法などで規定され，それに基づいて体制整

備や規律訓練等が行われている。NHK などの放送局では，常時，リアルタイムで報道できる仕組みが整えられている。

2009 年に実用化がスタートした**緊急地震速報**を例にあげてみよう。気象庁が作成したパンフレットを見れば一目瞭然であるが，まず住民は，テレビや携帯端末によって緊急地震速報が出たことを知り，そのあとで身の安全を確保すべきことが図で示されている。つまりこうした周知活動によって，災害対応事象は，「予告」も「宣伝」もされているのだ。メディアを活用して情報取得する手法を身に付けておくことが，国民全体に推奨されており，多くの場合それは，常識とさえなっている。

こうした状況をふまえるならば，災害対応の総体を，ひとつのメディア・イベントと措定できる要件がすでに整ったとみなすことも，あながち的外れとは言い切れまい。**メディア・イベント論**を災害報道研究にあらたに援用する理由は，ここにある。

(4) メディア・イベントをめぐるリアリティの共同構築モデル

メディア・イベントを構成する多様な主体について，ここまでは具体的に明示してこなかった。情報の作り手／伝え手／受け手などと単線的にとらえる場合も多く見受けられるが，その関係性は，実際には循環的であり，かつ動的でもある。ここで参考になるのが，火山学で提起されたリスク・コミュニケーション・モデルである。

「**減災の正四面体モデル**」（岡田・宇井，1997; 岡田，2008）は，火山災害の被害軽減を主眼として，20 世紀末に提唱された。**図6・1** に示すとおり，「科学者・メディア・行政・住民」が，正四面体の各頂点に置かれている。これらの主体が，情報を緊密にやりとりする連携体制を強化する必要性があることを端的に示している。

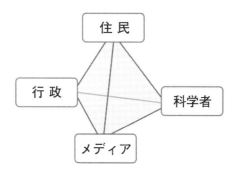

図 6·1　減災の正四面体モデル
出典）岡田・宇井(1997)

　この理念モデルが提起された背景には，火山被害予測地図などの防災情報が完備されたなかで起きてしまったコロンビアの"ネバド・デル・ルイス火山の悲劇"(1985年)などがあげられる。火山学者が率先して当該モデルの具現化を行う取り組みに注力することになった。そこには，「科学者は自然の一番の理解者」(岡田・宇井，1997)であり，完璧な噴火予知が叶わないことも十分承知したうえで，最大限，行政や住民やメディアと手を携えて適切な避難行動を促す必要があるとの決意がこめられていた。

　当該モデルの妥当性を裏付けるリーディング・ケースとなったのが，有珠山噴火(2000年)の際の住民避難行動である。室﨑(2008)によれば，「的確な情報提供で住民の事前避難を成功裏に導いたことは，良く知られている」。平素から顔なじみだった科学者からの注意喚起に対して，行政は速やかに避難指示を発令，メディアはそれを冷静に受け止めて伝達し，住民も素直に従った。結果，整然とした避難行動によって，ひとりも犠牲者を出さずに済んだという。

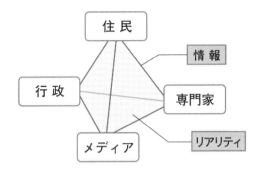

図 6・2 メディア・イベントをめぐるリアリティの共同構築モデル
出典） 岡田・宇井(1997)を一部改変

　しかし「減災の正四面体モデル」に則して，単に情報をやりとりするだけでは足りないことを，同じ火山学の知見によって示すこともできる。例えば，雲仙普賢岳災害(1991年)では，「火砕流」という用語が問題となった。どんな火山学的な物理現象を示しているのか，多くの報道関係者は火山学者や行政職員との勉強会等を通じて学び，"知って"いた。しかし，この「情報」の背後にある「リアリティ」，すなわち火山学者が抱く危機感までをも共有できていた報道関係者は，ごくわずかしかいなかった。TV記者の以下のような述懐が，その事実を傍証している。「火砕流については，学者などから聞いて，知ってはいました。でも，まさかあんな感じで来るとは思っていなかったのが本当のところです」(江川，2004)。

　専門家と住民のリアリティは通常，大きく異なる。行政職員とメディアの間にもギャップがある。同じ言葉を使っていても，リアリティが異なる以上，そのリアリティを共に重ね合わせていく工夫が求められる。この問題意識をあらたに強調したのが，「**リアリティ**

の共同構築モデル」という理念モデルである(図6·2)。一見すると図6·1とほとんど変わらないように見えるこの図において，注目してほしいのは，線分の連結よりも線分で仕切られた空間のほうである。

　代表的な4つの主体が，いま／ここで，それぞれどのような色合いの，もしくは熱度のリアリティを持っているのか，そのことが情報の"本当(リアル)"を決定する。前項で見てきたとおり，現代日本社会の実情をふまえるならば，メディア・イベントの構造自体が，事態のリアリティを共同的に構成するのである。

6-2
緊急報道のリアリティをめぐる問題

　前節で示した「メディア・イベントをめぐるリアリティの共同構築モデル」を使って，6-2節と6-3節では，実際の災害報道事例を分析してみることにする。まず，ここでは，**緊急報道**の局面に照準をしぼり，そして次節では，**復興報道**の局面にスポットをあてる。

(1)　2010年チリ地震津波災害について

　本節で検討する事例は，2010年2月末に日本列島に来襲したチリ地震津波の緊急報道である。この災害では，地震自体は遠く離れた地球の裏側，南米のチリで起きたため，大地の揺れなどの直接的な実感を伴わない中で，日本列島の沿岸部の住民は，水門閉鎖などの初動対応を行い，同時に，適切に避難することが求められた。したがって，メディアを通じて伝達された間接的な情報群とそのリアリティが注目された事例となった。そこでは，東日本大震災が起き

る1年前に，3.11の被害拡大要因となった事態が先取りされるかたちで起きていた。

　事態の結末を簡潔に述べておけば，日本各地で"情報あれど避難せず"（避難率の低迷）という課題が浮き彫りとなった（例えば，内閣府・総務省消防庁，2010; ウェザーニューズ，2010）。NHK放送文化研究所の調査（石川，2010）によれば，避難対象住民が「逃げなかった理由」として最も多く挙げたのは，「自分のいるところは安全だと思った」という回答だった。人々は津波に関する情報を「知らなかったから逃げなかった」のではなく，「知っていたからこそ逃げなかった」ことを示している。また，このメディア・イベントをめぐって社会に流通した情報は，どれも間違っていたわけではなかった。これらのことを総合して問題を約言すれば，情報はあったが，リアリティが不足していたという仮説を措くことができる。

(2) NHKテレビを対象とした内容分析

　発災後に実施されたさまざまな調査によれば，2010年チリ地震津波の際，警報を覚知するために最も役に立ったメディアは「テレビ」であった。内閣府と総務省消防庁が実施したアンケートでは，大津波警報を見聞きした手段として，91.5％の人が「テレビ」と回答している（内閣府・総務省消防庁，2010）。

　2010年チリ地震津波では，気象庁によって津波警報が発表されたころ，「NHK総合」の視聴率は15～25％をキープしており，他のどのチャンネルよりも高いポイントを示していた。以下，NHKテレビの放送を分析対象として見ていこう。適宜，NHKの担当職員や，自治体の行政担当者を対象として行った聞き取り調査のデータも活用する（近藤・矢守・奥村，2011）。

気象庁の津波警報発表（2月28日（日曜）午前9時33分）から解除（3月1日（月）午前10時15分）までの間，すなわち，公式に警戒が求められていた時間は，24時間42分間であった。しかし，これをひとつのメディア・イベントとしてとらえた場合，このタイムフレーム自体，異なったものとしてとらえ直す必要がある。NHKがチリで巨大地震が起きたことを最初に伝えたのは，2月27日（土）午後4時1分56秒であった。ここがメディア・イベントの始点だったといえる。

　NHKは，27日午後4時半には2分間の特設ニュースで，日本列島に津波が到達するか気象庁が調査中である旨，伝えた。その後，午後6時，7時，8時45分と，定時ニュースの枠内では必ず続報を出していた。深夜帯になるとニュースの放送枠自体がなくなり，チリ地震津波の続報は途絶えたが，明けて翌朝，午前5時台，6時台，7時台のニュース中にそれぞれ続報が伝えられ，午前8時29分からは気象庁内に設置された記者会見場の様子を生中継で放送し始めた。そしてこのまま「緊急特番」に移行した。

　同日午前9時33分に津波警報が発表されてからは，予定されていた番組はすべて休止となり，緊急特番が続いた。午後7時台の「ニュース7」の放送枠を拡大して放送した後で，ようやく緊急特番が終了した。しかしその後も，警報や注意報が出たエリアの地図は表示したままだった。新たに入った情報は，文字スーパーやL字画面を使って断続的に伝えていた。放送上の警戒がすべて解かれたのは，3月1日の午前10時15分44秒だった。ここが，当該メディア・イベントの終点である。NHKの放送をベースに考えると，メディア・イベントの継続時間は，42時間13分48秒間だったことになる。

この約2日間にわたるメディア・イベントは，大きく3つの局面に整理することができる。「フェーズ1」は，2月27日，地震発生の速報が出た時から翌28日朝の気象庁内の記者会見場からの中継開始まで，「フェーズ2」は，緊急特番開始時から「ニュース7」の放送が終了した夜8時まで，そして「フェーズ3」は，通常の番組編成に戻り，大河ドラマ「龍馬伝」が放送され始めた時から，翌3月1日朝の注意報全解除の速報が出た時点まで，である。

(3) 課題1：イベントの競合

ダヤーンとカッツは，「メディア・イベントと競いあえる唯一の現実は，別のメディア・イベントである」と指摘している（Dayan & Katz, 1992）。「2010年チリ地震津波」というイベントに関して言えば，「バンクーバー冬季五輪」が，まさに競合するイベントであった。

42時間余りの映像内容を分析して，コンテンツ別に分類したものが，図6·3である。冬季五輪に関する特番と関連ニュースは，

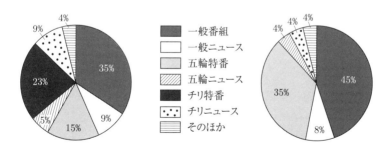

図6·3 チリ地震津波の緊急報道　　図6·4 チリ地震津波の緊急報道
　全局面の映像内容分析の結果　　　フェーズ1の映像内容分析の結果

全体の 20% を占めていた。その一方で，チリ地震津波関連の内容は合計 32% だった。これをフェーズ 1 に限って見てみると，冬季五輪が 39% もあるのに対して，チリ地震津波はわずか 4% しかなかった（図 6·4）。

　チリで巨大地震が起きた 2 月 27 日は，フィギュアスケート女子で浅田真央選手が銀メダルを獲得した日の翌日だった。そして津波が来襲した 2 月 28 日には，女子団体パシュートが再びメダル獲得圏内に入り，大いに盛り上がっていた。NHK の報道従事者の証言によれば，津波襲来のリスクよりも冬季五輪のほうにニュース・バリューがあるのではないかと感じていたという。

　また，放送の内容分析からは，別種の「イベントの競合」が生じていたこともわかった。それは，津波襲来という「非日常のイベント」と「日常そのもの」の競合である。

　フェーズ 1 では，2 月 27 日から 28 日にかけての深夜帯，「パフォー・ダンス・スペシャル」や「NBA マガジン」などの娯楽番組が放送されていた。そして結局 4 時間以上，チリ地震津波に関する情報が途絶えていた。土曜の深夜帯は，視聴者の多くを若者が占めている。したがって，NHK テレビを視聴していた若者の中には，土曜の深夜の時点で津波襲来のリスクを知ることなく，翌日の日曜日を迎えた人がいた可能性を指摘することができる。

　太平洋沿岸自治体の行政担当者に聞き取り調査した結果，フェーズ 2 からフェーズ 3 に移行した時点でも，「日常そのもの」との競合が生じていたことがわかった。それは 28 日夜 8 時，NHK が通常の番組編成に戻して大河ドラマ「龍馬伝」を放送し始めた時点である。例えば，高知県庁や高知市役所の災害対策本部に詰めていた職員の証言によれば，津波の緊急特番が終わり大河ドラマの放映が始

6-2 緊急報道のリアリティをめぐる問題 **135**

まったとき，「突如，災害モードから日常モードに引き戻されたような気がして，違和感をもった」という。なぜなら，まだ警戒態勢は解かれていなかったからである。「正直，NHKに見捨てられたと感じた」，「高知だけが取り残された気分だった」との証言もあった。

実はこのあと夜8時23分23秒，高知県内の須崎港で，この日の最大波となる「1m20cmを記録していた」という速報が入った。県庁や市役所では"激震"が走ったが，NHKの放送では，相変わらず大河ドラマ「龍馬伝」が放送されたままで，最大波の件は文字情報で伝えるのみだった。

この顛末が起きるよりも前の時点，フェーズ2の局面で，高知市種崎地区の津波避難タワーに避難していた住民たちは，テレビを見て「たいしたことは起きない」という確証を持ち，「晩御飯の準備もしなければならないので」夕刻までには全員が帰宅してしまった。フェーズ3の段階で，自宅のテレビで最大波到達の情報を見た人も，それがどれほど重大なことを伝えているのかわからず，再び津波避難タワーに戻ることはしなかった。

(4) 課題2：登場する主体の偏り

表6・2は，実際に放送されたニュース・コメントの書き起こしデータの抜粋である。情報の発信元となっている主体には，下線を付してある。そして，図6・5は，フェーズ1のうち，2月27日の放送分に関して，情報の発信元となっている主体の出現頻度を棒グラフで表したものである。最も多く出現していた情報発信元は，気象庁だった。その次に，アメリカ(太平洋津波観測センターや米地質調査所など)やチリ(在チリ日本大使館や在チリ邦人など)からの情報発信が多かった。それらの主体が伝えた情報のほとんどは，地

表 6·2　2月27日午後4時半の特設ニュース(抜粋)

■　え，ではここで，ニュースをお伝えします。
■　気象庁によりますと，きょう午後3時34分ごろ，南米のチリ中部沿岸を震源とするマグニチュード8.5の大きな地震がありました。
■　この地震で，太平洋の広い範囲で津波が発生するおそれがあるということです。
■　ハワイにある太平洋津波警報センターは，チリと隣国のペルーに津波警報を出して，警戒を呼びかけています。
■　気象庁が，日本への津波の影響があるかどうか調べています。
■　アメリカの地質調査所によりますと，震源は南米のチリの首都サンチアゴの南西，およそ320キロの沿岸部で，震源の深さはおよそ60キロと推定しています。
■　震源からおよそ320キロ離れた，チリの首都サンティアゴにあるホテルの従業員によりますと，ホテルでは壁のタイルがくずれ，棚から物が落ち，宿泊客や従業員は建物の外に避難しているということです。
　　(中略)
■　気象庁によりますと，きょう午後3時34分ごろ，南米のチリ中部沿岸を震源とするマグニチュード8.5の大きな地震がありました。
■　この地震で，太平洋の広い範囲で津波が発生するおそれがあるということです。
■　ニュースをお伝えしました。

震・津波の特徴やチリの被害状況を伝えるものであった。

　2月27日の夜には，すでに気象庁の地震津波監視課長が記者会見で津波来襲の注意喚起を行っていた。津波の専門家たちも1960年チリ地震津波の例などをひもときながら，放送を通して注意喚起を行っていた。その一方で同夜，鳩山首相(当時)は，チリに救助隊を派遣すべきか検討中である旨，コメントしていた(NHKでは27日の「ニュース7」で放送)。岡田外相(当時)も同様のコメントを発表していた(27日の夜8時45分の「ニュース845」で放送)。

　これとは対照的に，実際に避難をすべき日本列島の沿岸部の住民

6-2 緊急報道のリアリティをめぐる問題

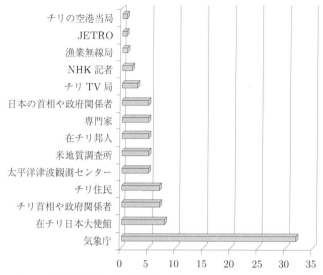

図6·5 情報発信元の出現頻度(回)(フェーズ1の2月27日分)

たち(当該メディア・イベントの主人公と言ってもよいだろう)は,NHKテレビの放送画面上にはほとんど登場していなかった。まずフェーズ1では,住民の姿は全く見られない。フェーズ2になると,水門を閉める消防団員や避難を呼びかける自治会の役員,避難所に集まった住民などの姿が登場してくる。そこでフェーズ2における登場人物に関して,津波の第1波が日本列島(南鳥島)に到達した2月28日午後1時台の1時間に着目して内容分析を行ったところ,人物の姿が画面に映っていたのは19分31秒間であった。それ以外の時間(40分29秒間)は,港の様子をロングショットでとらえた映像などが占めていた。画面に登場する頻度が最も多かった人物はNHKのアナウンサーで28回であった。また専門家は3回,

記者は3回であった。一方，住民の姿も画面に登場してはいたが，しかしこの中で音声も放送されていた人物は3人だけだった。

　住民に関して，さらに詳しく，どのような人たちが画面に出ていたか，また，何を話していたか分析した結果，ある一定の傾向があることがわかった。住民は，さまざまな場所(避難所，港，駅など)でカメラにとらえられていたが，その多くは高齢者だった。ある避難所のシーンでは，一緒にいた若者を敢えて画面フレームから外して，高齢者の姿だけをアップショットでとらえていた。

　また，「**共助**」(この文脈で言えば，避難行動の相互促進のため，呼びかけを行うことなど)に関連するインタビューや映像が非常に乏しいこともわかった。例えば，避難所や駅などで実施されたインタビューを分析すると，「とりあえず逃げて来たんですけど」や「早く帰りたいですね」など，自身の心情に言及するばかりで，他人を慮る内容，例えば「まだ避難していない人がいるので心配です」といった声は，ごくわずかしか見当たらなかった。

(5) 課題3：ローカリティの不足

　渥美(2011)は「ある出来事を特定かつ共通の意味を有する現象として把握させる空間とそれが帯びる特性」を「**ローカリティ**」とよんでいる。東京のスタジオをキー・ステーションとして全国に一斉放送された2010年チリ地震津波の緊急特番では，このローカリティに対する一定の配慮は行われていたと考えられる。テレビ画面には多くの地名が登場し，津波到達予想の情報を伝える際には順番に読み上げられていた。NHKの報道従事者に対する聞き取り調査では，「視聴者に，あなたも当事者ですよということを知らせるために，意識的に地名を使った」とする証言があった。

6-2　緊急報道のリアリティをめぐる問題　　**139**

　ここで，情報のローカリティは，登場する地名が個別具体的であるほど効果的にリアリティを醸成できる傾向があることを想起しておきたい。心理学における著名な古典が参考になる。1938年，アメリカでラジオドラマの放送によって，「火星人が襲来する」との噂が広まり，集団的なパニックを引き起こした事例である。そこでは，「皆さん，ルート23は使用しないで下さい」とアナウンサーが呼びかけたとき，多くの住民が「これは本当の出来事だ」と感じたという(Cantril, 1940)。他にも，ハッチンソン・リバー・パークウェイ，タイムズ・スクエアなど具体的な地名が次々とラジオから聞こえて来たことが，ニュージャージーやニューヨークの住民およそ100万人に，「これは事実だ」とのリアリティを感得させる要因になったと分析されている(なお，第7章の7-4節も参照のこと)。

　再び2010年チリ地震津波の緊急特番に目を転じて，メディア・イベント論の枠組みで確認しておかなければならないのは，ローカルな情報が「誰に」届けられようとしていたのかという問題である。もちろん，一義的には「視聴者に」向けて情報は伝えられていた。しかし，特に地方の放送局が担っていた中継リレーでは，もうひとつ別の方向性があったことが指摘できる。以下の書き起こしデータ(**表6・3**)は，2月28日午後3時台の中継リレーのひとコマ，根室港からのリポートである。そこでは，船の数や避難指示対象者の数を，下1桁まで間違えないよう，わざわざ言い直しをしてまでコメントしていた。この，ローカルでありながらも抽象化された「根室市の沿岸部」の映像，およびそれに紐づけて発信された情報群(船舶の数，避難指示対象者の数など)は，中央(東京)で事態を鳥瞰的に統括する立場にいる人たちが，当該事象を国全体の出来事として把握する上では，有用な要素として機能したものと思われる。し

表 6·3　根室港からの中継リポート

　根室市では，津波に備えて，午前 10 時前から花咲港にある 52 の防波堤を閉鎖して，津波の到来に備えています。漁協によりますと，え，岸壁で水揚げ作業をしていたおよそ 10 隻の漁船が，急遽，沖合に避難しましたが，先ほどから，え，次々と港の中に戻っています。
　え，根室市では，沿岸，沿岸部の，3…，3,000，あ…，3,363 世帯，8,840 人に避難指示を出しています。
　根室市の花咲港からお伝えしました。

かしながら，実際に根室港に居合わせた当事者(漁業関係者や地域住民など)にとってみれば，どうであったか。おそらく，ローカルな状況下で具体的な対応行動を促すほどのリアリティを構築することには，つながらなかったのではないか。

　当該メディア・イベントの災害報道に関してウェザーニューズ社が実施したアンケートによれば，「今回テレビなどで大々的に津波情報が取り上げられましたが，どう思いましたか？」との質問に対して，37% もの人が，「もっときめ細かい情報が欲しかった」と回答している(ウェザーニューズ，2010)。情報のきめ細かさとして求められていたのは，発信された数値などの情報の層(だけ)ではなく，それらの情報が，個々人が置かれた具体的な状況にとってどのような意味を持つのかといった，情報のリアリティの層だったと考えられる。

(6) メディア・イベントを再構築する視点

　上述した 3 つの課題，「イベントの競合」，「登場する主体の偏り」，「ローカリティの不足」は，いずれも，放送の現場で踏襲されてきたフォーマットを遵守した結果，引き起こされたものであった。そ

うであるならば，今後，放送のフォーマットに何らかの手を加えない限り，問題の根本解決は図れないことを示唆している。

　まず課題1（イベントの競合）では，フェーズ1〜3のどの局面においても，災害リスクのリアリティを減殺する要素があったことが明らかとなった。冬季五輪との競合は象徴的であったが，より普遍的な問題として考えておかなければならないのは，日常性のリアリティとの競合である。この問題を克服するためには，果たしてどのような手立てがあり得るだろうか。

　まず，フェーズ1で求められていたのは，「すでにメディア・イベントが始まっていること」自体を多種多様な関係当事者に知らせる情報，つまり端的に言えば「気象庁が現在調査中なので，続報に注意せよ」といった，情報更新の感度を高めるためのメッセージであった。したがって，例えば天気予報の枠内などにおいても，そのフォーマットを普段とは少し替えて，続報に対する注意喚起を行うことが十分に可能であったはずである。「沿岸部の明日の天気は雨。津波避難が求められた際のために雨具を準備してください」といったコメントが考えられる。

　さらに，フェーズ2からフェーズ3に移行した局面に関する視聴者の受け止め方も参考になる。大河ドラマの放送が始まって落胆した行政職員がいたことはすでにふれたが，この時点で，テレビ画面から警報エリアの地図スーパーを消さずに表示し続けたことに対して，ある自治体の職員は，「まだNHKは警戒を解かずにいてくれている」，「緊張感を持続しなければ」と，奮い立つことができたと証言している。災害対応という重大な局面に相対したとき，共有すべきリアリティが縮減されないように工夫する観点は，このようにメディア・イベントの多様な参加主体の心理変化に着目してこそ

得られるのではないか。

次に，課題2(登場する主体の偏り)について考察すると，メディア・イベント論でとらえ直すならば，現実に今，多種多様な主体が事態の渦中にいることを，より直截的に印象づける必要があったのではないかと指摘することができる。すなわち，今回のケースでは，避難対象地区においては，高齢者や子どもだけでなく若者でさえも皆，当事者であったはずである。それならば，放送を通じて多様な主体が互いの姿を明示し合うことがなされていれば，避難行動を誘発するリアリティがより効果的に構築できたのではないかと考えられる。同じ観点から言えば，住民の姿を撮影するポイントも，避難所や駅，港などの"定番"だけでなく，そこに向かう道中にある場所，例えば，飲食店やレジャー施設，子どもたちが通う塾や学校，公園，病院や福祉施設等々，バリエーションを増やす工夫があってもよいだろう。

また，防災の分野では，平素から**共助**の理念を説いている。この点をふまえると，今後，災害対応というメディア・イベントにおいても，共助の発動シーン(手を引いて歩くような助け合い行動など)を明示する新たな放送フォーマットを採用することが有効ではないだろうか。

最後に課題3(ローカリティの不足)については，これまで放送現場で踏襲されてきたフォーマットを改善することが望ましいと考えられる点が，大きく2つ見つかった。

1つ目は「数値」の扱い方に関するフォーマットである。「50 cmの津波予想高さ」，「3時20分に40センチの津波到達」，「3,366世帯に避難勧告」等々，数値は正確に，そして迅速に伝えられていた。しかし，放送で発信された数値の多くは，個々の視聴者のローカリ

ティとは結び付きの弱いものばかりであった。NHKの放送を視聴していたある津波の専門家でさえも，「（あまりに多くの数値情報が伝えられるので）見ていて疲れてしまった」とのことであった。さらに，放送に従事したNHKのアナウンサーの中にも，「正直に言えば，下1桁まですべて読み上げることに本当に意味があるのか，わからなかった」とのことだった。

2つ目は，放送の「編成」に関するフォーマットである。聞き取り調査では，NHKのアナウンサーの中から，もっと「ローカル発・ローカル向け」の放送時間を確保したほうがよかったのではないかという意見が複数，寄せられた。また，災害報道を担当した記者の中にも「取材のリソースさえあれば，もっとローカル枠を増やしても良かったかもしれない」との回答があった。この点は，先に挙げた「数値」の課題と通底している指摘であると考えられる。

6-3
復興報道のリアリティをめぐる問題

本節では，災害報道の3機能のうちの**復興報道**に照準をあて，「メディア・イベントをめぐる**リアリティの共同構築モデル**」によって事例分析を行う。従来の災害報道のフォーマットどおりに情報を伝達しても，主体同士の関係性如何で，意図せざるリアリティが醸成される**社会的逆機能**（social dysfunction）が生じるケースがあることが見出されるだろう。

(1) 2008年中国四川大地震

以下に述べる事例は，2008年5月12日に中国四川省を襲った巨

大内陸地震災害の被災地において，筆者らが全8回にわたって実施したフィールドワークの結果に基づいている（近藤，2009; Kondo・Yamori・Atsumi・Suzuki, 2012）。

四川大地震は，死者・行方不明者の数が8万人を超え，被災者の数は実に4,500万人以上にのぼるという，まさに「**スーパー広域災害**」となった。被災地の面積は，近い将来，日本列島を襲うと予測されている南海トラフ巨大地震の被災地の広がりと，ほぼ同じ規模であった。また，2011年に起きた東日本大震災の被災地で，いま，まさに進行中であることが，すでにその約3年前に先行して起きていた事実も見逃してはなるまい。日本の将来をうらなう点で，意義深い災害である。

(2) 課題1：被災の多様性

衛星テレビのネットワークが全土を覆い，世界一のネット社会に移行したばかりの中国において，四川大地震のニュースは，リアルタイムで大々的に報じられたメディア・イベントであった。筆者は，発災4日目に現地に入り，応急期から復興期における社会状況を観察し，被災住民を対象として縦断的な聞き取り調査を行った。

四川省の危難の報を受けて，中国人民が被災地に思いを馳せるために掲げたスローガンがある。それが，“万衆一心”（皆のこころを集めて，ひとつになろう）というものであった。

この言葉自体には，何ら問題視すべき瑕疵や矛盾点は含まれていない。それどころか，被災者を勇気づけるポジティブな効果を発揮することが期待できるストレートなメッセージである。当初，このスローガンは，新聞の見出しやテレビのテロップ，街中の横断幕など，随所に見つけることができた。ところが，“万衆一心”をめぐ

る「社会的逆機能」の問題が，時を経て徐々に現れてきた。

　被災地でよく耳にした言葉に，「都江堰市は，（自分が住んでいる村よりも）恵まれている」というものがあった。都江堰市は，甚大な被害を出した都市のひとつであった。ところが，世界文化遺産を擁する著名な観光都市でもあり，地震発生当日のうちに温家宝首相（当時）が赴いたことからも明らかなように，当初から中国政府の強い関心を引いた場所だった。そのために，中国メディアだけでなく，世界中のメディアの注目も集めていた。結果として，どこよりも多くの支援を，どこよりも早く集めることができたと，他の被災自治体からはみなされていた。

　地震発生から1週間後，早くも都江堰市内で仮設住宅の建設が始まった。都江堰市の「対口支援」（被災自治体と非被災自治体において，1対1でペアとなって，支援／受援を責任もって行う枠組み）のパートナーは，沿海部で最も裕福な自治体のひとつ，上海市であった。連日，深刻な被災状況を報道していた中国メディアにとってみれば，上海市の助けを借りて仮設住宅の建設が着手されたことは朗報であったはずである。そこでこのニュースは，「昼夜を問わず24時間体制で，同胞が，仮設住宅の建設作業を急ピッチで行っている」という，いわゆる「英雄伝」の形式で報道された。

　しかし，このころまだ四川省の山岳地帯では，決死の救助活動が続いていた。生死に関わる情報を逃すまいとテレビやラジオに噛り付いていた人たちにとってみれば，心休まる知らせとは受け止められなかったようだ。さらに，被災住民の中には，「都江堰市ばかりが恵まれていて不公平だ」という，極めてネガティブな反応が"はからずも"引き起こされていた。不満の声はさまざまなフレーズに形を変えて伝播していった。

"こころひとつに"という掛け声は，災害発生直後，生命の危機に瀕して皆が反射的に立ち向かっている応急期には，大きな力と成り得るものである。しかし，ほんのわずかな時を経るだけで，もしくは，ほんのわずかな立場の違いが強調されるだけで，「被災の多様性」というリアリティのほうがずっと重みを増すことになる。たくさんを失ってしまった人，わずかを失うことで済んだ人，そして何も失わなかった人…。それらの溝を押し広げるのは，ポジティブな効果を期待して被災社会に"善意で"投げかけられた，ごくありきたりの復興報道の情報なのであった。

ところで私たち日本人も，すでにこの経験を共有している。東日本大震災では，例えば，「きずな」や「がんばろう」といった言葉がプラスにも作用し，しかし多くの場面でマイナスにも作用していたことは記憶に新しい。巨大災害における被災の多様性は，型にはまった中央発の情報には，およそ相入れないものなのである。

(3) 課題2：日常性との競合

地震発生から1週間目となる5月19日から21日まで，中国政府は「哀悼の3日間」として全人民が"こころひとつに"四川大地震の痛みを分かち合うための特別措置をとった。テレビメディアでは，一切の娯楽番組を放送することを自粛した。カラー刷りが通常となっていた新聞は，すべてモノクロになった。山谷(2008)によれば，著名な検索サイトもすべてモノクロになり，広告のバナーも外されていたという。

しかし，こうした復興報道においても，次第に**社会的逆機能**の問題が起き始めていた。四川省の中にいる非被災者たちは，早く日常に復帰することを願っていた。「哀悼の3日間」の際に成都市内で

ヒアリングした結果からは，「（メディアが自粛を）ここまでする必要はあるのだろうか」と疑問視する声が採取されている。テレビが始終，復興報道を行っていることに対して，「退屈で困る」とする非難の声も聞かれた。また，「被災地の仮設住宅では，水道代・電気代が免除される」というニュースに関しては，明らかに不満の声があがっていた。「（被災者だけでなく）こっちだって生活は苦しいんだ」という声などである。

　これらのエピソードは，被災者を殊更に特別視する復興報道が，絶対数としてはより多く存在する非被災者の日常性と競合してしまった事態としてとらえることもできる。ところで，同じ年の夏に開催された北京五輪の際に，この軋轢がより顕現するのではないかと危惧されたが，筆者らの調査したところによれば，多くの被災者が，"被災という日常"をしばし忘れて観戦を楽しんでいたようだ。問題は，北京五輪終了後に，いまいちど復興報道のモードに"戻す"局面のほうにこそあった。またしても，非被災者の嘆息の声が聞かれたのだ。いわく，「また，被災地の話か」，「まだ，四川の話をやるのか」等々。

　マスメディアは，大勢の非被災者が依拠している日常性に，どのタイミングで，どれほど軸足を移していけばよいのか。そこには，難しいジレンマがある。ところで，「震災→北京五輪→日常」というモード・チェンジは，私たち日本人の身にも迫ってくるものがないだろうか。「東日本大震災→東京五輪→日常」…。ここに，課題の共通項を手繰り寄せておく必要があることに，あらためて留意しておかなければなるまい。

(4) 課題 3：復興の時間軸

　中国共産党政治局常務委員会は，人民解放軍が被災者を成功裏に救出したり，道路の啓開や仮校舎の建設などが順調に進展したりするポジティブなシーンを中心に放送するよう，マスメディアに指示を出した(日本放送協会，2008)。これは「**正面報道**」とよばれるもので，ネガティブな課題を検証すること，すなわち，「**負面報道**」は，厳しく自制することが求められた。これによってマスメディアは，救援活動・支援活動で活躍した人々のヒューマン・ストーリー，すなわち「**英雄伝**」を大々的に伝えるようになった。

　「正面報道」は，被災地から目を背けるのではなく，逆に最前線を取材したものとなっている点，実にリアルであった。しかしながら，「早くも〜が完成した」，「もう〜作戦を完遂した」といった具合に，予定された計画はすべて順調に進み，どれもが前倒しに進展しているかのような内容が多くを占めていた。

　「もう(完遂できた)」が描かれていた現場は，復興事業のモデル地区であることが多かった。被災高齢者向けの恒久住宅が「もう」完成した。被災観光地向けの統一規格店舗が「もう」完成した。省都と都江堰市を結ぶ高速鉄道が「もうすぐ」開通する，等々。

　「もう」の復興報道が繰り返されるたびに，多くの被災地では，「いや，自分がいるところでは，まだ計画さえ立案されていない」といった，「まだ」に対する苦々しい反応を示さざるを得なかった。「被災者は暗いニュースなど見たくはないはずだ」という考え方は，確かに一理あるかもしれない。しかし，復興への道のりを順調に歩み出せる被災者は，巨大災害の被災地においては，ごく限られていることも事実である。自分たちの立場を代弁してくれない復興報道は，とても支持できるものではない。しかも，自分たちより先んじ

て成功している現場を賞賛して，それを被災地全体の現況であるか
のように引き伸ばして扱うニュースは，より多くの被災者の心情を
逆なですることになる。

　復興のペースを被災者自身が決めることは，実際には難しい。復
興のペースは，主に復興報道を通して社会に表出され，例えば，
「復興の道半ば」とか，「8割復興達成」などのフレーズによって，
人口に膾炙していく。「もう」がスタンダードとなれば，「まだ」の
努力がより一層促される。一律に与えられた復興のペースは，被災
者一人ひとりにとってみれば，暴力的な装置になることさえある。

(5) 課題4：数値情報による疎外

　四川大地震の死者・行方不明者数は，公式には 87,464 人，被災
者数は 45,976,596 人となっている（CRED/EM–DAT, 2008）。広大な
被災地の中には，山岳地帯などの険しい土地も多く，斜面崩壊によ
って埋もれてしまった人も少なくない。遺体を回収できなかったケ
ースや，遺体の損壊が激しくて身元が確認できなかったケースも
多々あったであろう。しかしそうしたなかでも，死者・行方不明者
の数は，当初から下1桁まで確定された「実数」として，当局か
ら発表されていた。混乱の中でも高い精度を求めたのは，被災者一
人ひとりの尊厳を重視する姿勢を示すためであったと推察される。
ところが，この「数値」のリアリティをめぐっては，当の被災地で
も早くからさまざまな声があがっていた（近藤，2009）。

　筆者らがヒアリングによって採取したデータの中で，被災住民の
ネガティブな反応を示したものとして多数を占めたのは，「政府に
よる辻褄あわせではないか」といった声である。「そんなことに知
恵をしぼるよりも，もっと他にやるべきことがあるだろう」といっ

た，政府の幹部に対する批判にもつながっていた。

　中国では人口抑制策の導入によって，例えば男子を跡継ぎにしたいばかりに，意図的に女子を戸籍に入れないようなケースが後を絶たなかった(中国情報研究機構，2010)。いわゆる「黒孩子」，「黒戸口」の存在である(上海文化協力機構，2008)。こうした"見えない数"が人口統計にある以上，もともと被災地にどれだけの住民が暮らしていたのか，正確に把握することは難しい。仮に，遺体の数を1体ずつ確実に集計できたとしても，「行方不明者」の数を確定することはできない(生き残った人の申告によるしかない)ことになる。こうした疑問に対して十分な説明がなされなかったことから，政府が発表する数値の信頼性が損なわれ，リアリティが薄いものとして社会に受け止められていったのではないかと考えられる。

　死者・行方不明者の数値情報が大々的に報道されたことで，中国全土の人民が心を痛め，思いをひとつにして("万衆一心")，より多くの救援物資や寄付金，そしてボランティア("志愿者")を集めることにつながったことは想像に難くない。しかし，数値情報は，残念ながら上述したようなポジティブな効果だけを与えるものではないことに留意しなければならない。なぜならば，数値が表象しているのは，被災社会の状況を純粋に複写したものではなく，その一部を切り取ったもの，もしくは，事態をわかりやすく把握するためなどの特定の意図を持って，公的な機関や専門家が急ぎ足で算出・産出したものだからである。数値は，客観的なデータとして，それ自身はニュートラルな存在であるかのようにふるまっているが，その実，社会的な意味や価値を帯びて生成・伝達・共有されていく。先に述べた「死者・行方不明者数」が議論を巻き起こしたのも，そのためである。こうして，数値のリアリティは，社会の中で共同的に構築

されていく。この時に惹起される問題事象，ここに例示した**社会的逆機能**の数々は，いついかなる被災地においても共通して起き得ることを，私たちはあらためて直視しておかなければなるまい。

6-4
メディア・イベントとリスクコミュニケーション

災害報道の3機能，**緊急報道・復興報道・予防報道**のうち，前2者の事例を見てきた。ここではすでにいくつもの課題が示されたが，しかし，それらは各局面固有のものとして限定して惹起されるわけではない。

例えば，「登場する主体の偏り」に関して言えば，本章では緊急報道の局面だけで指摘したが，もちろん復興報道においても同様の問題が潜在していることに留意しなければならない。四川大地震では，多様な被災状況に置かれた多くの住民が，メディア・イベントを構成する主体になりえていなかったと見ることができる。ひるがえって，日本の予防報道の局面においても，専門家や行政職員，一部のコアな住民ばかりが前に出過ぎて，多様な主体を見逃している可能性もあるだろう。

「ローカリティの不足」，「数値情報による疎外」なども，各局面で共通した問題である。中央と地方のせめぎあいのなかで，「復興報道」ではローカリティがその存在感をどんどん切り詰められていくのが常であるし，逆に予防報道では，中央によって地方の事情が都合よく構成されていることが常である。そしてどの局面においても，もっともらしい数値がたくさん登場して，人々を説得しようと迫ってくる。

上述した問題群は，どれも分かちがたく結びついており，別段・別用に対症療法を繰り返すこれまでの方略では改善できていなかった。もし，今後，根本治癒を目指すのであれば，全体構造の変革に真摯に取り組んでいくしかあるまい。そしてそこにこそ，統一的な理論の枠組みが必要となるのである。本章で打ち出した「メディア・イベントをめぐる**リアリティの共同構築モデル**」で想定している多様な主体同士の関係性とは，リスクの普遍化，リスクの個人化が進んだ「**リスク社会**」に引き寄せて考えてみた場合，それはまさにベック（Beck, U.）のいう「**リスクをまえにした連帯**」（Beck, 1986）に他ならない。私たちは，突き付けられた巨大災害のリスクに，いま対峙している。その点では，まさに横並びである。このなかの誰かだけが，"全知"であることは，原理的にありえない。もちろん専門家は，その専門性ゆえに，あるひとつの領域に関しては誰よりも深く「知っている」可能性が高いが，しかし，自然科学自体が壮大な「真理の候補（仮説）の集合」（大澤，2012）であるという事実をふまえたとき，専門家でさえも限定合理性の枠内にあることをあらためて自覚しておく必要がある。

　そもそも，「災害報道の充実化」をめぐる閉塞は，「知っている（例えば，津波警報という情報が出たこと）」けれども「信じることができない（自分には関係ないと思える）」ような事態，もしくは，「信じている（専門家は最適解を知っている）」からこそ，「知ろうとしない（あとは専門家に任せてしまおう）」といった事態だった。再び大澤（2012）を引けば，まさに，リスクをめぐる「**知と信の乖離**」こそが，問題の核心なのである。仮に，情報の層だけを直視して，知識を迅速・的確に伝達すればすべてが解決できるというのであれば，「**減災の正四面体モデル**」の各頂点を結ぶネットワークの整備

にさえ尽力すればよい。しかし，それでは上述した閉塞は乗り越えられないことが，この半世紀以上の模索，あるいは停滞の中ですでに実証されている。そこで，情報をめぐる「連携」を包摂するかたちでより強く求められるのが，「**リアリティの共同構築**」という関係性の醸成とそこでの運動，すなわち「連帯」のダイナミズムであった。

リアリティをめぐって「連帯」する際には，情報とリアリティのいずれか一方が重要で他方は不要であるということではなく，両方をともに配視することが求められよう。情報の層でしっかり「知」をやりとりして「連携」するだけに留まらず，リアリティの層が取り結ぶ「信」で「知」を裏付けながら「連帯」することが求められる。このダイナミズムをバランスよく駆動させるうえで鍵となるのが，"事態に内在する"こと，すなわち，皆がコミットメントする「**共同的実践**」という構えにある。ひとつ具体例をあげておくと，東日本大震災以降，津波避難をめぐる緊急報道の呼びかけコメントに関して，一部のメディアが，文言の修正や語調の調整などをしたりしているが，これらの改善策も，より多くの「受け手」と"ともに"行えば，また違った地平が開けてくるはずである。仮に，最終的にはメディアが提案したアイデアにおさまったとしても，そうした文言を決めること自体がいかに難しいのかといったことや，文言ひとつにこだわることのプロフェッショナリズムのすごみを感得する中で培われる**リアリティ**こそが，情報の価値を共同的に高めていくはずだからである。

現代社会に求められている真の**リスクコミュニケーション**とは，まさにこの次元の「連帯」，リスクをめぐるメディア・イベントのありかた自体を共同でデザインする運動を意味しているのではないだろうか。

◖ ま と め ◗

❏ 災害報道の機能は，緊急報道・復興報道・予防報道に分類すること
ができる。

❏ 情報の正誤や迅速性だけにとらわれていては，災害報道の充実化を
図ることはできない。

❏ リアリティの層を重視することによって，災害報道の全局面を統一
的に検討することができる。

❏ 災害情報のリアリティとは，災害対応をめぐる当事者が相互に規定
しあい，共同的に構築していくものである。

◖ より進んだ学習のための読書案内 ◗

田中　淳・吉井博明（2008）.『シリーズ災害と社会7　災害情報論入
門』弘文堂

> ☞災害情報の基本的な論点を網羅的に把握したい初学者にお勧めの入
> 門書である。

矢守克也（2013）.『巨大災害のリスク・コミュニケーション―災害情
報の新しいかたち』ミネルヴァ書房

> ☞災害情報をめぐる諸課題を根本的に問い直すための理論的な視座を
> 与えてくれる良書である。

矢守克也・宮本　匠（2016）.『現場でつくる減災学―共同実践の五つ
のフロンティア』新曜社

> ☞災害情報を取り扱う現場（フィールド）において，どのような実践事
> 例があるのか具体的に知ることができる。

7章

危機における心理

想定外の危険への対処はいかにあるべきか？

◀キーワード▶
危機(クライシス),正常性バイアス,パニック,エリート・パニック,危機におけるリーダー,危機コミュニケーション

7-1
はじめに

行政学・政治学の立場から自然災害対策について研究するレオナルドとホーイット(Leonard, H. B. D. & Howitt, A. M., 2008)は,**危機(クライシス crisis)**を次のように定義している。災害や事故の観点から,状態は次の4つのフェーズに分けることができる。

① **通常の状態**(normal operation):災害や事故がまったく起きていない平常時である。

② **軽微な異常がある状態**(trivial disorder):災害や事故というほどではないが,災害や事故につながりかねない異常が生じた状態である。いわゆるヒヤリハットを経験する状態である。

155

③ **想定された異常事態**（unusual incident in anticipation）：災害や事故というべき異常事態ではあるが，そのようなことが起こりうるであろうと事前に想定されていた事態。このフェーズでは，事態に備えて事前に対策をとっておくことができる。

④ **想定されていなかった異常事態**（unusual incident beyond anticipation）：そのようなことが起こるとは誰も想定していなかった異常事態。危機とは，このような想定外の災害や事故のことをいうのである。したがって，危機に対しては事前に準備されていることは何も無く，対応マニュアルも無い。逆に言えば，予め対応策がとられてあるような災害や事故は危機ではないのである。

危機の心理とは，このように起こるとは思っていなかった災害や事故に遭遇したときの人間の心理である。その性質を明らかにすることによって，危機における安全への行動を考察してみよう。

7-2
正常性バイアス
―安全と信じたい心理―

人間は基本的に危険に対して敏感に反応して，少しでも危険の兆候があれば安全ではないとみなす性質がある。しかしながら，第2章でも述べたように，危機のように本当に重大な危険が眼前に現れそうになったときには，逆に，現実の危険を否定して自分は安全な状態にあるのだと信じ込もうとする傾向もある。例えば，身体に変調が生じたときに，病気の兆候かもしれないと心配するのではなく，「たいしたことではない。自分は元気なのだ。」と思い込もうとすることはないだろうか。あるいは，ビルで火災報知器が鳴ったとして

7-2 正常性バイアス

も，多くの人は火災が起きたとは考えず，火災報知器が故障しただけだとして避難しようとはしない傾向があることが知られている。一般にこのような傾向は**正常性バイアス**（normaly bias）とよばれている（第2章，第4章を参照）。

正常性バイアスが生じるのは，危険の兆候を日常の生活や業務において危険と結びつけて考えることがないために見過ごしてしまう，あるいは，危険についてよく知らないために危険の兆候であることが理解できない，という情報・知識の欠乏による側面と共に，恐怖感情による認知資源の減少やストレス・コーピング，あるいは，自尊心，自己正当化のメカニズムによって，自分が危険になったと認めたくない動機がはたらくために，危険の兆候を無意識的に無視するなどして状況を正常（安全）であると解釈する心理のためであると説明することができる。

さらにまた，正常性バイアスでは，危険の兆候への対処行動において，他者と同じ行動をするようになることが知られている。すなわち，自分の周りの人々が逃げようとしないのを見ると，客観的にはかなり危険な状況においても，人は状況は安全なのだと判断して避難しようとしない傾向が強いのである。したがって，正常性バイアスは，一人でいるときよりも他者と一緒にいる状況において，より自分は安全などだと思い込む効果が大きくなる。

このため，一人でいるときには，危険の兆候に反応して安全への対処行動をとる人であっても，周りに人がいると危険の兆候を無視して対処しなくなる傾向が強まる。これは群衆行動における**循環反応**（Blumer, 1969）の一種であるが，特にこれを同化性効果と同調性効果に分けて説明することができる。すなわち，他者と共にいることによって判断を他者に任せて自分は主体的な判断をしなくなる**同**

化性効果と，他者の判断が正しいと考えることでそれと食い違う自分の判断を誤りとしてしまう**同調性効果**によって，正常性バイアスの効果が増幅するのである。

● ● 7–3 ● ● ●
コントロール感と危機への反応

　無力感や無気力は，性格やこれまでの経験だけではなく，むしろそれ以上にその場の状況によってもたらされることが，**学習性無力感**(learned helplessness)研究によって明らかにされている(Seligman, 1975; Deci, 1975)。無力感や無気力は，自分が置かれている状況を自分の能力によって自分が望む状態にすることができないと思い込んだときに生じる。これを**コントロール感の喪失**という。逆に，コントロール感が得られるとき人はやる気を出すことができる。

　災害や事故などの危機に遭遇したときにも，どのような心理状態になるかはコントロール感の有無が影響する。広瀬(2004)は，危機に至らぬほどの小さな災害をも含めて，災害時の心理は，コントロール感と被害規模によって規定されるとして**表7·1**のようにまとめている。被害が無視できるほど小さければ人は危機に無関心である。被害が比較的に小さい場合，危機に対するコントロール感がある人は最も合理的な方法で危機に対処しようとする(**費用便益対応**)が，危機に対するコントロール感がなければ被害を受けても我慢をする。被害が大きくなると，客観的にも被害をコントロールすることは困難となり，人は諦めの境地に至る。客観的にはコントロールすることが困難なほど大きな被害であるにもかかわらず，自分にはこれをコントロールできると思い込むと，有効な対応策がない

表 7·1　危機における人間の心理的反応

		災害の大きさ(被害規模)		
		大	小	閾値以下
制御可能性	有り	過剰反応 (パニック)	費用便益反応	無関心
	無し	諦め	我慢	

出典）広瀬（2004）

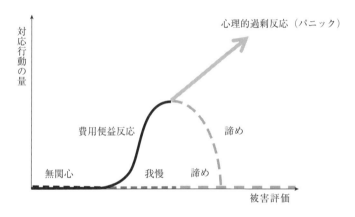

── (実線)：事故が制御可能と思うときの反応
－－ (破線)：事故が制御不可能と思うときの反応

図 7·1　危機における人間の心理的反応と活動量
出典）土田（2013）

にもかかわらず対応行動を取り続ける心理的過剰反応，いわゆる**パニック**となる。これを縦軸に対応行動の量，横軸に被害の大きさをとって図示すれば**図 7·1**のようになる（土田，2013）。

　危機は，想定外の大きな被害が発生する現象である。そのような状況では，人は自分の能力ではこの状況から逃れることができない

と諦めて，運命として受け入れようとしがちである。例えば，1985年に日本航空 123 便東京発大阪行ジャンボ機が 524 名の乗員乗客を乗せて御巣鷹山に墜落した事故では，圧力隔壁が破壊したことから垂直尾翼の大部分を失った状態となって操縦困難となり，30 分以上にわたってダッチロールなどの異常な飛行をした末に墜落した。乗員乗客 520 名が死亡し生存者は 4 名であった。生存者の証言によれば，客室内は混乱に陥ることなく，皆落ち着いていたという。また，このときの現場から回収された遺品には，「すまないが，子どもたちのことを頼む」というような死ぬことを覚悟した遺書が複数あった。航空機事故における乗客のように，危険から逃れるコントロールがまったくできない状況では，人は騒ぎ立てることなく，死を受け入れるものなのである。

7-4
パニック神話とエリート・パニック

　自然災害や大きな事故が起きたときには人々はパニック（panic）に陥るのだと思い込んでいる人が少なくないようである。しかし，少なくとも日本やアメリカ合衆国のような社会において，自然災害や大きな事故においてパニックが起きた例はほとんど報告されていな い（Quarantelli, 1957；広 瀬，2004; Clark & Chess, 2008; Solnit, 2010）。実際には起きることのないパニックが起きるものと信じられていることから，これは**パニック神話**ともよばれている。

　ここで，パニックの定義を明確にしよう。パニックとは，危険が迫る状況において，客観的には成功する見込みがなく，失敗を繰り返しているにもかかわらず，危険から逃れる活動を停止させること

ができない過剰反応のことをいう。大勢の人が起こす集合的パニックでは、恐怖感情に駆られ逃げようとして、冷静に順序よく避難すれば全員が助かるにもかかわらず、人々が自分が助かることだけを考えて、例えば狭い出口に殺到するなどをした結果、大勢が命を落とすなどの現象をいう。単に、大勢の人が一緒になって避難行動をしただけのことをパニックとはいわない。

　ただし、パニックではないが、群衆行動として、大勢の人が結果的に見れば合理的ではない行動をとったために、群衆なだれなどをおこして、死者まで出てしまう惨事は発生したことがある。例えば、2001年7月21日に兵庫県明石市の花火大会において、花火が終わる前に帰ろうと駅に向かう人々と、これから花火を見ようと駅から会場に向かう人々が、会場近くの歩道橋に両方向から大勢で進入したために、歩道橋が人々で密集状態となり、11人が圧死、247人が重軽傷をおう事故があった。この事故は、会場の運営・警備方法に大きな問題があったとするべきであるが、基本的に、「早く駅に着きたい」「花火が終わる前に会場に入りたい」という人々の利益を求める願望・欲求によって引き起こされた現象である．この事故にみられる積極的な願望充足の信念に基づく行為への動員は**クレーズ**(craze)とよばれる現象であって、危険から逃れようとして発生するパニック現象ではない。アメリカ合衆国においても、災害時に群衆が商店からの略奪行為を行ったとの報道がなされることがある。これもパニック現象ではなくクレーズ現象である。

　危機的な状況においては、先に述べた日航機の御巣鷹山墜落事故のように、パニックが発生しなかったことを示す事例は多い。

　例えば、福島第一原発事故においては、事故が発生した2011年3月11日から翌12日にかけて、政府の原子力災害対策本部から避

難指示(＝実質的には「命令」)が出されて，福島第一原発周辺住民を中心に 10 万人以上の人々が居住地を離れて避難せざるを得ない状況となった。後日(2014 年 2〜5 月)，内閣府(2015)が，避難指示等をふくむ警戒区域に設定された 22 市町村とそれに隣接する 10 市町村の世帯代表者 59,378 名を対象に実施した調査(有効回答者は 19,535 名(32.9%))によれば，2011 年 3 月 11 日から 12 日の時点で 93.1% の人が避難をしたと回答している。避難の状況としては，26.0% の人は避難についての情報をまったく得ることができず，避難情報を得た人の情報の入手先は，テレビ・ラジオ(49.9%)，町内会等(43.3%)，家族・近所(28.8%)であり，警察(3.0%)や東京電力(2.3%)からはほとんど避難情報を得ることができなかった。また，3 月 11 日から 4 月 30 日までの間に避難にあたって困ったこととしては，どこへ避難すればよいか情報が無かったこと(57.7%)，携帯電話が使えなかったこと(51.8%)，行政から避難情報を得られなかったこと(49.7%)が，ガソリン不足(74.3%)，食料・飲料・生活用品不足(57.7%)，道路の渋滞・破損(42.3%)とならんで挙げられた。

　そのような困難な状況であったにもかかわらず，福島第一原発事故の避難住民にパニックが発生したとの証言や報道はない。

　東日本大震災では，津波によって 1 万 5 千人以上が死亡し，いまだに 2,500 名以上が行方不明となっている。人々が津波に襲われる状況を記録した映像は多く残されている。そのどの映像を見ても，逃げ遅れている人に「速く逃げろ」と必死に叫び続けている映像がほとんどであって，自分が助かるために他者を押し退けるようなパニック行動が記録された映像はない。その場にいた人々の証言でも，むしろ，自分が犠牲になって他者を助けようとした人が多くいたと

いう。

　また，2014年4月16日に韓国観梅島沖でセウォル号が沈没した事故においては，乗客乗員合わせて476人のうち，高校修学旅行生を中心として乗員乗客295名が死亡，9名が行方不明となった。午後8時49分頃に船が傾きはじめから，午後10時20分頃に沈没するまでの約2時間半の間，船の傾きが増していくという異常な状況において乗客が恐怖に駆られたパニックを起こすことはなく「その場にとどまるように」との船内アナウンスを信じていたことは，その場で乗客が送った写真メールなどから明らかである。

　そもそも，パニック現象が人々によく知られるようになったのは，1940年に刊行された『火星からの侵入—パニックの社会心理学』(Cantril, 1940)がきっかけであった。社会心理学者キャントリルによるこの本では，1938年のハロウィンの夜(10月30日)にSF作家のH.G.ウェルズの小説をもとにしたラジオ番組「宇宙戦争(The War of the Worlds)」が放送された時，ニュースの実況放送形式を用いてあまりにも迫真の演出がなされたために，多くの人々が本当に火星人が襲来してきていると信じて混乱が発生したことが報告されている。これがパニック現象の実例であるとして80年ほど経た現在でも引用されることがある。しかしながら，その後，アメリカ合衆国で同様の現象が生じたとの報告は一つもない。

　また，1942年11月にボストンのナイト・クラブで500人近い死者を出す火災が発生したが，消防署や警察署の調査で火災原因が特定できなかった。このとき，社会心理学者ボルフォートとリー(Voltfor, R. H. & Lee, G. E., 1943)は，これほどの被害が生じたのはパニックのせいであると主張した。しかし，実際にパニックが起きたかどうかは確認されておらず，火災被害原因として社会が納得するた

めにパニックとされただけであるとの見解もある(Quarantelli, 1957; 広瀬, 2004)。

このように, これまでパニックとされてきた多くの事例が実際にはパニックとよぶべきものではなかったとの指摘が繰り返しなされている(Quarantelli, 1957; 広瀬, 2004; Clark & Chess, 2008; Solnit, 2010)。

前節で述べたように, 大きな被害を避けられそうにない状況に陥った時には, 正常性バイアスによって実際よりも自分は安全な状況にいると思い込みやすい。また, 被害に対するコントロール感を失った場合には, 諦めてしまい活動性を低下させると考えられる。大災害や大事故のような危機的状況では, たいていの人々にとっては眼前の被害を自分がコントロールできるとは認識できない。したがって, パニックは発生しないのである。

ただし, 大きな被害にあいそうな状況であっても, 被害に対するコントロール感を失わなければ人はパニックになると考えられる。間違った情報しか入手できず, 正確な現状認識ができなくて, 多くの人が被害をコントロールできると思い込む状況であれば, パニックが発生すると理論的には考えられる。例えば, 戦争において, 客観的には敗戦必至であるにもかかわらず, 報道統制などによって多くの人が勝利して戦争を終わらせることができると思い込めば, パニック的な玉砕行動が起きうるであろう。

危機において, 為政者には, 「危機的な本当の状況を国民に知らせると国民はパニックを起こすから, パニックを防止するために国民には危機ではないと伝えるべきである」と考えることがあるようである。しかしながら, このような考えは誤りであると言わざるを得ない。自分の置かれた状況が本当に困難なものであると認識した

ときに人々はパニックを起こさない。次節で述べるように，危機においては，現場にいる住民が自主的に判断をするべき状況になるのであるから，現場の住民の判断に役立つ正確で十分な情報を迅速に提供することが，被害を少しでも軽減させることになるのである。住民に対して情報を隠すことが事態の改善につながることは決してない。

　さて，危機において被害に対するコントロール感を持ち続けるならば，パニックに陥りやすくなる。災害社会学者のクラークとチェス（Clark, L. & Chess, C., 2008）は，災害時において，為政者や災害の専門家などのいわゆるエリートが危機的状況においてどのように行動したかを，多くの事例にもとづいて検討した。その結果，危機的状況において市民にはパニックは全く発生していなかったにもかかわらず，エリートがパニックに陥ってしまっていた事例を多く発見した。そこで，クラークとチェスは，エリートが危機的状況においてパニックを起こすことを**エリート・パニック**と命名した。

　為政者や災害の専門家などのエリートは，災害時において被害をコントロールしなければならないとの責任感を強く持っているであろう。また，自分には被害をコントロールできる能力があるとの自負心も強いであろう。そのために，一般市民であれば被害に対するコントロール感を失ってしまうような危機的状況であっても，エリートはコントロール感をなかなか失うことないため，客観的には有効な対策ではないにもかかわらず，その場の思いつきに近い対策を実施して失敗を繰り返すパニック状態に陥るものと考えられる。

7–5

危機におけるリーダーシップ

危機においては，既存の（平常時の）組織や秩序が機能しなくなりがちである。それは，危機において発生している事象が想定外のことであり日常生活における規範が機能しない，あるいは，反故（はご）にされると多くの人が感じるからである。それゆえ，危機においては適切かつ強力なリーダーシップがとられることが望まれる。前節において詳述したように，危機によって人々が反社会的あるいは攻撃的行動をとるようになると考えるのは間違いである。むしろ，事態の困難さを眼前にして，日常の冷静な判断や規範を失って，「自分は死んでもかまわない」と考えたり，過度に楽観的な判断をしてしまうことがよく見られる。**危機におけるリーダー**には，このような状態に陥ってしまった人々，すなわち，逃げようとはしない人々，不適切に楽観視している人々を，適切に避難させ，安全を確保する役割も求められる。もちろん，恐怖におびえた人々を助けるのもリーダーの役割である。

危機におけるリーダーに求められることをまとめると**表7·2**のようになると考えられる。

第一に求められることは，現状を正確に把握することである。危

表7·2　危機においてリーダーに求められること

1：正確な「現状認識」により，迅速に現状を把握する
　　1–1　外部との情報送受信を早急に確保する
2：現場にいる者がリーダーとなる
3：想定外の危機状況に対処するためのマニュアルをその場で考案する
4：部下との質の高いコミュニケーションを維持する

機においては，**状況を正確に認識する**ことがきわめて困難となる。人は非日常的な状況に遭遇しても，日常生活の知識体系（スキーマ）を用いて状況を理解しようとする。また，人は危機的な状況を自分の願いを込めた希望的観測によって認識しがちでもある。アメリカ軍には，「開戦初日に前線から届く報告の80％は間違い情報である」との戒めが伝統的にあると聞く。軍隊は非常時に活動することを目的として訓練を行っている組織であるが，それでも非常時となったときに正確に現状認識することが難しいと伝える経験則であろう。

　さらに，閉塞した空間あるいは地域に閉じ込められてしまった場合には，外部との情報伝達手段を可能な限り早急に確保する必要があり，リーダーはこれに努めなければならない。外部からの情報が正確な現状認識に役立つだけでなく，外部からの情報を得て自分たちの状況を外部に伝えること，つまり，外部とつながることによって心に落ち着きがでて，現状認識がより正確になることが期待できるからである。

　第二に，危機における**リーダーは現場にいる人間**が担うべきである。たとえ平時における指揮命令系統では，現場は中央の指示によってしか対応できないことになっていたとしても，現場から離れたところにいる者が現場に対して命令を出すことは避けるべきである。なぜならば，危機の現場で何が起きているのかを最もよく認識できるのは現場にいる人間だからである。危機では想定外の危険が発生しているのであるから，現場から離れたところにいる者にとっては，現場で何が起きているのかをよく理解できないことも生じうる。何を為すべきかの最終的な判断は現場にいる人間に委ねるのが最適である。

第三に，危機におけるリーダーは，遭遇している**想定外の非常事態に最適な対応**指針をその場で考案し，かつ，実施しなければならない。

危機とは想定外の非常事態なのであるから，生存のために何が最も適切な対処なのか誰にもわかっていない。リーダーは，素早く正確な現状認識を行って，生存に最適な新たなマニュアルをその場で作成しなければならないのである。このことから，危機におけるリーダーは，危機対応マニュアルを作成した経験があることが望ましいといえる。危機対応訓練は，非常時の現場で，適切に対応するマニュアルを作成する訓練であるともいえる。

危機において生存に役立つ行動指針やルールは，必ずしも平常時の規範や法律と一致するとは限らない。一例を挙げれば，東日本大震災においては津波から避難するために自家用車で海岸から遠くに避難する人も多かった。仙台平野では，海岸から山手に向かう道の途中に東北本線の線路がある。当時の鉄道規則では，非常時には安全確保のため線路内に人や自動車が立ち入らないようにすることとされていた。そのため，踏切において停電が発生した場合には，自動的にそれぞれの踏切に備えられたバッテリーによって遮断機を下ろし，停電から復旧するまで警報器が鳴り続けるように設計されていた。東日本大震災では，まず地震によって仙台平野一帯が停電となったため，東北本線の踏切では，遮断機が下り警報が鳴り続けていた。そこへ海岸から津波を避けて逃げてきた人々の自動車がさしかかったのである。ある踏切では，遮断機が開くのを待って自動車が長蛇の列をなしたそうである。確かに，平常時に遮断機が下り警報器が鳴っている踏切を自動車が無理やり線路をまたいで通行することは明白な法律違反である。しかし，背後から津波が迫ろうとし

ている危機的状況においては,「緊急避難」として遮断機が下りている踏切を渡らなければ津波で命を落としてしまう。このときに,遮断機が下りている踏切を渡れと人々に促すのが危機におけるリーダーの役目なのである。もう一例を挙げれば,福島第一原発事故で多くの人が知ったように,原子炉が過酷事故を起こした場合,原子炉内の圧力を下げるためにベントを行わなければならないことがある。しかしながら,ベントは放射性物質を大気中に放出することでもある。事故のこれ以上の拡大を防ぐために,放射性物質の大気中放出という平常時ならば法律違反となる行為を行うかリーダーは決断しなければならない。

このような困難を解決するためには,法学における検討が必須であり,私たちも社会全体として,危機におけるルールについて議論をより深める必要がある。

そのような検討や議論が曖昧なままであるならば,人々は,たとえ緊急避難であるとしても,普段の規範や規則にそぐわない行為を行うことには躊躇するものなのであるから,危機におけるリーダーは危機に際して人々の安全を守るために,「責任は全部自分がとるから指示に従ってほしい」と言わなければならないことも多いであろう。

非常時であってもそれが想定内のことなのであれば,その場での行動指針やルールをあらかじめマニュアルとして定めておくことができる。危機を危機でなくすための方策の一つは,このような非常事態にのみ必要となる行動指針やルールをあらかじめ平時から想定して定めておき,それを人々に周知しておくことである。

第四に,危機におけるリーダーには部下との**質の高いコミュニケーション能力**が求められる。危機においても,部下とリーダーはそ

れぞれ分業を行わなければならず，リーダーは部下からの現況報告
を受けることとなる。危機的状況においては，部下もまた正確な現
状認識ができずにいる可能性がある。また，正確な現状認識ができ
ている部下であっても，部下にリーダーに対する遠慮あるいは反発
などがあれば，部下はリーダーに対して正確な報告をすることをた
めらいがちになる。さらには，リーダーから出す指示についても，
部下に正確に理解してもらわなければならない。このことは，言語
情報についてのコミュニケーションだけではなく，以心伝心のよう
な非言語のコミュニケーションについても同様である。リーダーと
部下との間のコミュニケーションの質を保証するのは，相互の信頼
関係である。危機においても良質なコミュニケーションがはかられ
るためには互いに信頼し合う関係が形成されていることが重要であ
る。

7-6
危機コミュニケーション

　危機コミュニケーションとは，危機に対応する者と，社会全体
(public)との間の情報送受信のことをいう。ただし，ほとんどの危
機コミュニケーションにおいては，危機に対応する者は，個人では
なく，行政機関や企業など何らかの組織体であることが想定されて
いる。すなわち，一般的には，危機コミュニケーションは，個人が
主体となって行うコミュニケーションではなく，行政機関や企業な
どの組織体が社会全体に対して行うコミュニケーションのことを指
す。なお，ここでは社会全体のことをこれ以降便宜的に「世間」と
よぶことにする。

7-6 危機コミュニケーション

表 7·3 危機コミュニケーションの必要性とその相手

危機コミュニケーションの必要性
1. 世間（public）を助けるため
2. 世間（public）に助けを求めるため
3. 世間（public）に正しく理解してもらうため（風評被害の防止）
4. 道義的責任

危機コミュニケーションの相手
1. 住民／一般大衆
2. 報道機関
3. 行政機関
4. 同業者・関連組織
5. 専門家や研究開発機関
6. 諸外国の上記[1〜5]

出典）土田（2012）

　今日のように，民主主義が成熟して，高度に情報化した社会においては，危機に対応する組織体が世間と情報送受信することが求められる理由は表 7·3 のようにまとめられる（土田，2012）。

　① 世間を助けるため：災害や事故などの危機が発生したときには，行政機関や危機に関係した企業などの組織体が危機に立ち向かうこととなる。これらの組織体には第一にまず何よりも優先して世間の人々を守ることが求められる。したがって，危機の被害が広く世間にもおよぶ可能性がある場合には，可能な限り正確で有用な危険情報や避難情報を速やかに世間に対して開示しなければならない。さらに，世間から発信される当該の危機に伴って生じうる可能性がある危険についての情報を速やかに受け取り対応しなければならない。これが，危機コミュニケーションの主たる目的となる。

　② 世間に助けを求めるため：危機が深刻であるほど当事者だけでは危機に対応できなくなる。その場合には世間に支援を求めなけ

ればならない。具体的には，消防署や警察署ならびに上位行政機関・監督行政機関への通報，自衛隊への出動要請などがあるが，助けを求めることができる世間は後述するように行政機関だけではない。

③ 世間に正しく理解してもらうため：危機に伴って誤った情報が流布し風評被害が発生することがある。被災地の農水産物に関する間違った認識や，被災地の人々に対する偏見が風評となって，二次被害が発生してしまう可能性があるのである。これを防止するためには，危機について十分かつ正確な情報のもとに理解をしてもらうことを世間に求めなければならない。そのために世間に対して理解に必要となる十分な情報を的確に提供し，かつ，提供した情報についての世間からのフィードバックに誠実に対応しなければならない。

④ 道義的責任：危機が，結果的に世間に被害をおよぼさなかった場合であっても危機コミュニケーションは必要である。当事者は，危機を経験した主体として道義的に（すなわち，危機に関心を寄せてもらったことや支援のお礼として，あるいは，世間を騒がせたことへの償いとして）世間に危機の状況を説明する責任がある。

次に，危機への対応組織体が，外部の情報送受信の相手とする世間は，具体的には次のようにまとめられる（**表7·3**を参照）。

① 住民／一般大衆：世間とは字義的には一般の人々のことをいう。ネット環境が整った今日では，危機への対応組織体は，インターネットのホームページでの情報提供だけではなく，ソーシャルメディア（SNS：ツイッター，ラインなど）を活用して，住民／一般大衆を相手に危機コミュニケーションを行う重要性が増してきている。

② 報道機関：マスメディアが発達した社会では，住民／一般大衆を代表するとして報道機関が危機への対応組織体との情報の窓口となる。例えば，2011年の福島第一原発事故における政府からの

避難指示情報は，警察や自治体あるいは東京電力から伝えることがきわめて困難な状況であったが，約半数の避難民はテレビやラジオから避難指示情報を受け取っていたことが明らかになっている（内閣府，2015）。

③ 行政機関：一般大衆に代わって実際に権力を行使するのはさまざまな分野，レベルの行政機関である。特に密接な情報送受信が必要となるのは，危機に対して現場対応する消防，警察，自衛隊などである。また，行政機関は報道機関と同じように住民／一般大衆との情報の窓口としても機能する。さらに，行政機関は住民／一般大衆の代表である議員や首長を通じて住民／一般大衆が望むように権力を行使することが期待されている。行政機関のこれらの機能に対応するためにも行政機関との情報送受信は重要である。

④ 同業者・関連組織：危機においては平常時に期待できる資源や能力の多くが得られない状況となることから，それを補うために，同業者あるいは関連組織からの支援を受けることができれば，危機への対応がより容易となる。例えば，地方自治体では被災地の自治体に対して，被災しなかった自治体から職員を派遣して支援する制度ができている。そのために，同業者・関連組織との情報送受信が必要となる。

⑤ 専門家や研究開発機関：危機とは通常では想定されない異常事態が発生することである。したがって，さまざまな分野の専門家や研究開発機関との情報交換を行うことができれば，危機に対して有効な対応をとれる可能性が増す。

⑥ 諸外国の上記（①〜⑤）：グローバル化した国際社会においては，深刻な危機が発生した場合には，諸外国に対しても自国に準じて危機コミュニケーションを行うことが求められている。

◖ま と め◗

❑ 危機(クライシス)とは想定していなかった危険を伴う異常事態である。

❑ 危機に直面したときには，状況は安全なのだと思い込もうとする心理がはたらく。これを正常性バイアスという。

❑ 危機において危険から逃れようとするパニック現象が住民に生じた事例は少なくとも日本やアメリカ合衆国にはない。

❑ 危機においてパニックに陥りやすいのは，むしろ責任ある立場にある者，専門能力がある者，すなわち，いわゆるエリートである。これをエリート・パニックという。

❑ 危機においては，人々が混乱した状況となるので，適切かつ強力なリーダーシップが望まれる。

❑ 危機においてリーダーに求められるのは，まず的確な状況判断であり，次に平常時の規則・規範にとらわれない臨機応変かつ適切な対応判断である。

❑ 危機におけるリーダーは，状況判断の必要から現場にいる者であるべきである。

❑ 危機において，現場にいるリーダーは組織として世間(public：住民，報道機関，行政機関，同業者，専門家)との間で積極的に情報の送受信をしなければならない。これを危機コミュニケーションという。

◖より進んだ学習のための読書案内◗

広瀬弘忠 (2004). 『人はなぜ逃げ遅れるのか：災害の心理学』集英社新書

　　　☞災害に遭遇したときの人間心理を実例にもとづいて説明している。

河田惠昭 (2008). 『これからの防災・減災がわかる本』岩波ジュニア新書

　　　☞日本で今後予測される災害について豊富なデータをもとに解説するとともに，災害対策について人々の行動の対策(ソフト対策)の重要性について論じている。

引 用 文 献

［1 章の引用文献］

Hollnagel, D.（2014）. *Safety–I and safety–II: the past and future of safety management*. Routledge.（北村正晴・小松原明哲（訳）（2015）. Safety–Ⅰ & Safety–Ⅱ：安全マネジメントの過去と未来　海文堂出版）

辛島恵美子（2011）. 社会安全学構築のための安全関連概念の再検討　社会安全学研究, *1*, 153–177.

河田惠昭（2016）. 日本水没　朝日新書

Norris, F. H., Stevens, S. P., Pfefferbaum, G., Wyche, K. F., & Pfefferbaum, R. L.（2008）. Community resilience as a metaphor, theory, set of capacities, and strategy for disaster readiness. *American Journal of Community Psychology, 41*（1–2）, 127–150.

Skeat, W. W.（1898）. *An etymological dictionary of the English language*（3 rd ed.）. Clarendon.

［2 章の引用文献］

Damasio, A.（1994）. *Descartes' error: Emotion, reason, and the human brain*. Putnam.（田中三彦（訳）（2010）. デカルトの誤り：情動, 理性, 人間の脳　ちくま学芸文庫）

Epstein, S.（1994）. Integration of the cognitive and psychodynamic unconscious. *American Psychologist, 49*（8）, 709–724.

Festinger, L.（1957）. *A theory of cognitive dissonance*. Row Peterson.（末永俊郎（監訳）（1965）. 認知的不協和の理論：社会心理学序説　誠信書房）

Finucane, M. L., Alhakami, A., Slovic, P., & Johnson, S. M.（2000）. The affect heuristic in judgment of risks and benefits. *Journal of Behavioral Decision Making, 12*（1）, 1–17.

Fischhoff, B., Slovic, P., Lichtenstein, S., Read, S., & Combs, B.（1978）. How safe is safe enough? A psychometric study of attitudes towards technological risk and benefits. *Policy Studies, 9*, 127–152.

Gigerenzer, G.（2002）. *Calculated risks: How to know when numbers deceive you*. Simon & Schuster.（吉田利子（訳）（2010）. リスク・リテラシーが身につく統計的思考法：初歩からベイズ推定まで　ハヤカワ文庫）

Kahneman, D.（2011）. *Thinking fast and Slow*. Farrar, Straus and Giroux.（村井章子（訳）（2012）. ファスト＆スロー　早川書房）

Kahneman, D., & Tversky, A.（1979）. Prospect theory: An analysis of decision under risk. *Econometrica, 47*（2）, 263–292.

北岡明佳（2010）. 錯視入門　浅岡書店

Lorenz, K. Z.（1963）. *Das sogenannte Böse zur Naturgeschichte der Aggression*. Verlag Dr. G Borotha-Schoeler.（日高敏隆（訳）（1985）. 攻撃：悪の自然誌　みすず書房）

Neisser, U.（1976）. *Cognition and reality*. Freeman.（古崎　敬・村瀬　旻（訳）

（1978）．認知の構図　サイエンス社）

Slovic, P.（1987）. Perception of risk. *Science, 236*, 280–285.

Starr, C.（1969）. Social benefit versus technological risk. *Science, 165*, 1232–1238.

土田昭司（1992）．社会的態度研究の展望　社会心理学研究，*7*（*3*），147–162.

Tsuchida, S.（2011）. Affect heuristic with 'good–bad' criterion and linguistic representation in risk judgments. *Journal of Disaster Research*, *6*（*2*），219–229.

土田昭司・伊藤誠宏（2003）．若者の感性とリスク：ベネフィットからリスクを考える　北大路書房

Tversky, A., & Kahneman, D.（1974）. Judgment under uncertainty: Heuristics and Biases. *Science, 185*, 1124–1131.

Zajonc, R. B.（1980）. Feeling and thinking: Preferences need no inferences. *American Psychologist, 35*（*2*），151–175.

［3章の引用文献］

Hawkins, H.F.（1987）. *Human factors in flight*. Gower Technical Press.（黒田勲（監修）石川好美（監訳）（1992）．ヒューマン・ファクター：航空の分野を中心として　成山堂書店）

河野龍太郎（2004）．医療におけるヒューマンエラー：なぜ間違える　どう防ぐ　医学書院

河野龍太郎（2006）．ヒューマンエラーを防ぐ技術　日本能率協会マネジメントセンター

黒田　勲（2001）．「信じられないミス」はなぜ起こる：ヒューマンファクターの分析　中央労働災害防止協会

長山泰久（2000）．交通心理学の視点での交通事故分析と活用の手法—出合頭衝突を例にとって—　大阪交通科学研究会（編）交通安全学　企業開発センター交通問題研究室

中島義明（他編）（2014）．心理学辞典　有斐閣　p.602.

中村隆宏（2013）．ヒューマンエラーと事故　関西大学社会安全学部（編）　事故防止のための社会安全学　ミネルヴァ書房　pp.120–138.

Reason, J.（1990）. *Human Error*. Cambridge: Cambridge University Press.

Sidney, D.（2006）. *The Field Guide to Understanding Human Error*. CRC Press.（小松原明哲・十亀　洋（監訳）（2010）．ヒューマンエラーを理解する　実務者のためのフィールドガイド　海文堂）

篠原一光・中村隆宏（編）（2013）．心理学から考えるヒューマンファクターズ　安全で快適な新時代へ　有斐閣ブックス

Swain, A. D., & Guttmann, H. E.,（1980）. "Handbook of Human Reliability Analysis with Emphasis on Nuclear Power Plant Application," U.S NRC-NUREG／CR–1278, April 1980.

臼井伸之介（1995）．産業安全とヒューマンファクター(1)—ヒューマンファクターとは何か—．クレーン，*33*（*8*）．

臼井伸之介（2000）．人間工学の設備・環境改善への適用．中央労働災害防止協会（編）　新産業安全ハンドブック　中央労働災害防止協会

引用文献　　　**177**

[4章の引用文献]

American Psychiatric Association（2013）. *Diagnostic and Statistical Manual of Mental Disorders*, 5th ed.（DSM-V）（日本精神神経学会（監修）（2014）. DMS-5　精神疾患の診断・統計マニュアル　医学書院）

Cannon, W. B.（1929）. *Bodily changes in pain, hunger, fear, and rage*. New York: Appleton-Century-Crofts.

Drabek, T. E., & Boggs, K（1968）. Families in disaster: Reaction and relatives. *Journal of Marriage and Family, 30*, 443–451.

Flynn, J., Slovic, P., Mertz, C. K., & Carlisle, C.（1999）. Public support for earthquake risk mitigation in Portland, Oregon. *Risk Analysis, 19*, 205–216.

Higgins, E. T.（1997）. Beyond pleasure and pain. *American Psychologist, 52*, 1280–1300.

Higgins, E. T.（1998）. Promotion and prevention: Regulatory focus as a motivational principle. *Advances in Experimental Social Psychology, 30*, 1–46.

池田謙一（1988）. 災害時におけるコミュニケーションと意思決定　安倍北夫・三隅二不二・岡部慶三（編）　自然災害の行動科学　福村出版　pp.150–167.

広瀬幸雄（2014）. 災害リスクへの対処　関西大学社会安全学部（編）防災・減災のための社会安全学　ミネルヴァ書房　pp.81–94.

Jackson, E. L.（1981）. Response to earthquake hazard: The west coast of North America. *Environment and Behavior, 13*, 387–416.

Janis, I. L.（1962）. Psychological effects of warning. In G. W. Baker & D. W. Chapman（Eds.）, *Man and society in disaster*. New York: Basic Books. pp. 55–92.

金　吉晴（2006）. トラウマ反応と診断　金　吉晴（編）　心的トラウマの理解とケア　第2版　じほう　pp.3–15.

Lazarus, R. S.（1966）. *Psychological stress and the coping process*. New York: McGraw.

Lindell, M. K., & Perry, R. W.（2000）. Household adjustment to earthquake hazard: A review of research. *Environment & Behavior, 32*, 461–501.

Mileti, D. S., & Beck, E. M.（1975）. Communication in crisis: Explaining evacuation symbolically. *Communication research, 2*, 24–49.

Mileti, D. S., & Darlington, J. D.（1997）. The role of searching in shaping reactions to earthquake risk information. *Social Problems, 44*, 89–103.

Mulilis, J-P., & Lippa, R.（1990）. Behavioral change in earthquake preparedness due to negative threat appeals: A test of protection motivation theory. *Journal of Applied Social Psychology, 20*, 619–638.

元吉忠寛（2004）. 災害に関する心理学的研究の展望―防災行動の規定因を中心として―　名古屋大学大学院教育発達科学研究科紀要（心理発達科学）, *51*, 9–33.

元吉忠寛（2014）. 家庭と地域の防災行動モデルの妥当性の検証　東海心理学研究, *8*, 20–27.

元吉忠寛・高尾堅司・池田三郎（2008）. 家庭防災と地域防災の行動意図の規定因に関する研究　社会心理学研究, *23*, 209–220.

内閣府（2013）. 平成25年版防災白書
http://www.bousai.go.jp/kaigirep/hakusho/index.html（2018年6月1日閲覧）

内閣府 (2017). 平成 29 年版防災白書
　　http://www.bousai.go.jp/kaigirep/hakusho/index.html (2018 年 6 月 1 日閲覧)
尾崎由佳 (2011). 制御焦点と感情 ―促進焦点と予防焦点に関わる感情の適応的機
　　能― 感情心理学研究, *18*, 125–134.
Palm, R., & Carroll, J. (1998). *Illusions of safety: Culture and earthquake hazard response in California and Japan.* Westview Press Boulder, CO.
Perry, R. W. (1979). Evacuation decision-making in natural disaster. *Mass Emergencies, 4*, 25–38.
Rogers, R. W. (1975). A protection motivation theory of fear appeals and attitude change. *Journal of Psychology, 91*, 93–114.
Rogers, R. W. (1983). Cognitive and physiological process in fear appeals and attitudes change: A revised theory of protection motivation. In J. T. Cacioppo & R. E. Petty (Eds.), *Social psychophysiology*. New York: Guilford Press. pp. 153–176.
Rüstemli, A., & Karanci, A. N. (1999). Correlates of earthquake cognitions and preparedness behavior in victimized population. *Journal of Social Psychology, 139*, 91–101.
Sims, J. H., & Baumann, D.D. (1983). Educational programs and human response to natural hazards. *Environment and Behavior, 15*, 165–189.
Sjöberg, L. (1998). Worry and risk perception. *Risk Analysis, 18*, 85–93.
Solberg, C., Rossetto, T., & Joffe, H. (2010). The social psychology of seismic hazard adjustment: re-evaluating the international literature. *Natural Hazards Earth System Sciences, 10*, 1663–1677.
Turner, R. H., Nigg, J. M., & Paz, D. (1986). *Waiting for disaster: Earthquake watch in California*. Berkeley: University of California Press.
矢守克也 (2011). 増補版 生活防災のすすめ：東日本大震災と日本社会 ナカニシ
　　ヤ出版

[5 章引用文献]

Earle, T. C., & Cvetkovich, G. (1995). *Social trust: Toward a cosmopolitan society*. Praeger Press.
Hovland, C. I., & Weiss, W. (1951). The influence of source credibility on communication effectiveness. *Public Opinion Quarterly, 15*, 365–650.
科学技術振興機構 (2014). リスクコミュニケーション事例調査報告書 https://www.jst.go.jp/csc/mt/mt-static/support/theme_static/csc/pdf/riskfactresearch.pdf(最終ア
　　クセス 2018 年 5 月 28 日)
木下冨雄 (2006). リスク認知とリスクコミュニケーション. 日本リスク研究学会(編)
　　リスク学事典(増補改訂版) 阪急コミュニケーションズ pp. 260–267.
Leiss, W. (1996). Three phases in the evolution of risk communication practice. *The annals of the American Academy of Political and Social Science, 545*, 85–94.
Miller, J. D. (1983). Scientific literacy: A conceptual and empirical review. *Dedalus, 11*, 29–48.
文部科学省 (2017). 安全・安心に資する科学技術の推進：リスクコミュニケーショ

ン案内 http://www.mext.go.jp/a_menu/suishin/detail/1397354.htm（2018 年 7 月 5 日閲覧）

Preston, D. L., Pierce, D. A., Shimizu, Y., Cullings, H. M., Fujita, S., Funamoto, S., & Kodama, K.（2004）. Effect of recent changes in atomic bomb survivor dosimetry on cancer mortality risk estimates. *Radiation Research, 162*, 377–389.

Shimizu, Y., Kato, H., Schull, W. J., & Mabuchi, K.（1992）. Dose–response analysis among atomic–bomb survivors exposed to low–level radiation. In Sugahara, T., Sagon, L.A., & Aoyama, T.（eds.）*Low Dose Irradiation and Biologic Defense Mechanisms*. Excepta Media. pp.71–74.

Slovic, P.（1987）. Perception of risk. *Science, 236*, 280–285.

Wynne, B.（1993）. Public uptake of science: A case for institutional reflexivity. *Public Understanding of Science, 2*（4）, 321–337.

Zajonc, R. B.（1968）. Attitudinal effects of mere exposure. *Journal of Personality and Social Psychology, 9*, 1–27.

［6 章の引用文献］

渥美公秀（2011）. ローカリティ／インターローカリティ 矢守克也・渥美公秀（編著） ワードマップ 防災・減災の人間科学 いのちを支える 現場に寄り添う 新曜社 pp.12–17.

Beck, U.（1986）. *RISIKOGESELLSCHAFT Auf dem Weg in eine andere Moderne*. Suhrkamp Verkag （東 廉・伊藤美登里（訳）（1998）. 危険社会 新しい近代への道 法政大学出版局）

Boorstin, D. J.（1962）. *The Image: or What Happen to the American Dream*. Antheneum. （星野郁美・後藤和彦（訳）（1964）. 幻影の時代 マスコミが製造する事実 東京創元社）

Cantril. H.（1940）. *The Invasion from Mars: a study in the psychology of panic*. Princeton University Press.（斎藤耕二・菊池章夫（訳）（1971）. 火星からの侵入 川島書店）

中国情報研究機構（2010）. 孔健（監修） 最新図解 中国情報地図 河出書房 pp.112–113.

CRED/EM-DAT（2008）. 国際災害データベース http://www.emdat.be/ （2016/4/30 情報取得）

Dayan, D., & Katz, E.（1992）. *Media events: the live broadcasting of history*. Harvard University Press.（浅見克彦（訳）（1996）. メディア・イベント 歴史をつくるメディア・セレモニー 青弓社）

江川紹子（2004）. 大火砕流に消ゆ 雲仙普賢岳 報道陣 20 名の死が遺したもの 新風舎

藤竹 暁（2004）. 環境になったメディア マスメディアは社会をどう変えているか 北樹出版

廣井 脩（1987）. 災害報道と社会心理 中央経済社

廣井 脩（1996）. 防災と情報 「東京大学公開講座 63 防災」東京大学出版会 pp.221–246.

廣井 脩（2004）. シリーズ情報環境と社会心理 7 災害情報と社会心理 北樹出版

pp.3–5.

石川　信 (2010)．大津波警報　その時住民は　〜チリ地震津波に関する緊急調査から〜　放送研究と調査，6 月号　NHK 放送文化研究所　pp.80–89.

近藤誠司 (2009)．被災者に "寄り添った" 災害報道に関する一考察—5.12 中国文汶川大地震の事例を通して—　自然災害科学，Vol.28. No.2. pp.137–149.

近藤誠司 (2015)．第 11 章　ポスト 3.11 における災害ジャーナリズムの役割　関西大学社会安全学部(編)　リスク管理のための社会安全学：自然・社会災害への対応と実践　ミネルヴァ書房　pp.210–231.

近藤誠司 (2016)．ポスト 3.11 における災害ジャーナリズムの課題と展望　関西大学社会安全学部(編)　東日本大震災　復興 5 年目の検証：復興過程の実態と防災・減災の展望　ミネルヴァ書房　pp.250–268.

近藤誠司・矢守克也・奥村与志弘 (2011)．メディア・イベントとしての 2010 年チリ地震津波〜NHK テレビの災害報道を題材にした一考察〜　災害情報，No.9 pp.60–71.

Kondo, S., Yamori,K., Atsumi, T., & Suzuki,I (2012). How Do "Numbers" Construct Social Reality in Disaster-stricken Areas? – A case of the 2008 Wenchuan Earthquake in Sichuan, China –. *Natural Hazards., 62.* 71–81. DOI 10.1007/s11069–011–0038–8.

小城英子 (1997)．阪神大震災とマスコミ報道の功罪　記者たちの見た大震災　明石書店

李　旉昕・近藤誠司・矢守克也 (2013)．台湾の「明星災区」の意義と課題—マスメディアと住民のインタラクションを中心に—　災害情報，No.11. pp.55–67.

Lippmann, W. (1922). *Public Opinion.* The Macmillan Company.（掛川トミ子(訳)(1987)．世論(下)　岩波書店）

McLuhan, M. (1962). *The Gutenberg Galaxy: The Making of Typographic Man.* University of Toronto Press.（高儀　進(訳)(1968)．グーテンベルクの銀河系：活字的人間の形成　竹内書店）

室﨑益輝 (2008)．「減災の正四面体」と専門家　室﨑益輝ウェブサイト http://www.murosaki.jp/extracts3.html (2013/6/23 情報取得)

内閣府・総務省消防庁 (2010)．チリ中部沿岸を震源とする地震による津波避難に関する住民アンケート．http://www.fdma.go.jp/neuter/topics/houdou/2204/220413_1houdou/03_houdoushoryou.pdf (2010/9/4 情報取得)

中森広道 (2008)．災害報道研究の展開．田中淳史・吉井博明(編)　シリーズ災害と社会 7　災害情報論入門　弘文堂　pp.163–168.

中村　功 (2012)．災害報道　大澤真幸・吉見俊哉・鷲田清一(編集委員)　現在社会学辞典　弘文堂　p.473.

日本放送協会 (2008)．NHK スペシャル「中国四川大地震—最前線からの報告」　2008 年 5 月 24 日放送

野田正彰 (1995)．災害救援　岩波書店

岡田　弘 (2008)．有珠山　火の山とともに　北海道新聞社

岡田　弘・宇井　忠 (1997)．噴火予知と防災・減災　火山噴火と災害　東京大学出版会　pp.79–116.

大澤真幸 (2012)．夢よりも深い覚醒へ：3.11 後の哲学　岩波書店

引 用 文 献　　　　　　　　　　　　　　　　　　　　　　　　　**181**

関谷直也（2012）．「災害の社会心理」から考えるマスメディアの超えるべき課題　特集　【検証】大震災報道の１年　Journalism 2012.4. No.26. 朝日新聞社　pp.42 -51.

上海文化協力機構（2008）．中国の「なぜ？」に答える本　三笠書房　pp.66-67.

上杉　隆・烏賀陽弘道（2011）．報道災害【原発編】　事実を伝えないメディアの大罪　幻冬社

烏賀陽弘道（2012）．報道の脳死　新潮社

ウェザーニューズ（2010）．チリ地震による津波から１週間　全国１万５千人の津波意識の調査結果. http://weathernews.com/jp/c/press/2010/100310.html（2010/9/4 情報取得）

山谷剛史（2008）．新しい中国人：ネットで団結する若者たち　ソフトバンク

［7 章の引用文献］

Blumer, H.（1969）. Fashion: From class differentiation to collective selection. *The Sociological Quarterly, 10（3）*, 275–291.

Cantril, H.（1940）. *The invasion from mars: A study in the psychology of panic*. Routledge.（斉藤耕二・菊池章夫（訳）（1971）．火星からの侵入：パニック状況における人間心理　川島書店）

Clark, L., & Chess, C.（2008）. Elites and panic: More to fear than fear itself. *Social Forces, 87（2）*, 993–1014

Deci, F. L.（1975）. *Intrinsic motivation*. Plenum.（安藤延男・石田梅男（訳）（1980）．内発的動機づけ　誠信書房）

広瀬弘忠（2004）．人はなぜ逃げ遅れるのか：災害の心理学　集英社新書

Leonard, H. B. D., & Howitt, A. M.（2008）. 'Routine' or 'Crisis': The Search for Excellence, *Crisis/Response Journal, 4（3）*, 32–35

内閣府（2015）．東日本大震災における原子力発電所事故に伴う避難に関する実態調査 http://www.bousai.go.jp/jishin/sonota/hinan-chosa/（最終アクセス 2015 年 12 月 20 日）

Quarantelli, E. L.（1957）. The behavior of panic participants. *Sociology and Social Research, 41*, 187–194.

Seligman, M. E. P.（1975）. *Helplessness: On depression, development and death*. Freeman.（平井　久・木村　駿（監訳）（1985）．鬱病の行動学：学習性絶望感とは何か　誠信書房）

Solnit, R.（2010）. *A paradise built in Hell: The extraordinary communities that arise in disaster*. Penguin.（高月園子（訳）（2010）．災害ユートピア：なぜそのとき特別な共同体が立ち上がるのか　亜紀書房）

土田昭司（2012）．福島原発事故にみる危機管理の発想とクライシス・コミュニケーション：何のための情報発信か？　日本原子力学会誌, *54（3）*, 181–183.

土田昭司（2013）．事故の社会心理　関西大学社会安全学部（編）　事故防止のための社会安全学　ミネルヴァ書房　pp. 182–198.

Voltfor, R. H., & Lee, G. E.（1943）. The Coconut Grove Fire: A study in scapegoating. *Journal of Abnormal Psychology, 38（2）*, 138–154.

索　引

人名索引

渥美公秀　138
池田謙一　67
臼井伸之介　44
エプシュタイン（Epstein, S.）　16
岡田　弘　127
カッツ（Katz, E.）　125, 133
ガットマン（Guttmann, H. E.）　42
カーネマン（Kahneman, D.）　16, 22, 26
河田惠昭　4
ギーゲレンツァー（Gigerenzer, G.）　33
木下冨雄　99
キャントリル（Cantril, H.）　163
金　吉晴　84
クアランテリ（Quarantelli, E. L.）　160
クラーク（Clark, L.）　165
黒田　勲　44
河野龍太郎　50, 54
近藤誠司　124
ザイアンス（Zajonc, R. B.）　29, 98
篠原一光　55
シムズ（Sims, J. H.）　74
ジャニス（Janis, I. L.）　66
ショーベリー（Sjöberg, L.）　75
スウェイン（Swain, A. D.）　42
スター（Starr, C.）　11
スベトコビッチ（Cvetkovich, G.）　99
スロヴィック（Slovic, P.）　11, 91
セリグマン（Seligman, M. E. P.）　158
ソルニット（Solnit, R.）　160

ソルバーグ（Solberg, C.）　76
ダマシオ（Damasio, A.）　16
ダヤーン（Dayan, D.）　125, 133
チェス（Chess, C.）　165
土田昭司　28, 171
デシ（Deci, E. L.）　158
デッカー（Dekker, S.）　46
トベルスキー（Tversky, A.）　22, 26
ナイサー（Neisser, U.）　21
中村　功　123
中村隆宏　47
長山泰久　50
バウマン（Baumann, D. D.）　74
ヒギンズ（Higgins, E. T.）　78
広瀬弘忠　158
広瀬幸雄　77
ブーアスティン（Boorstin, D. J.）　125
フェスティンガー（Festinger, L.）　24
ベック（Beck, U.）　152
ペリー（Perry, R. W.）　74
ホーイット（Howitt, A. M.）　155
ホーキンス（Hawkins, H. F.）　53
ホブランド（Hovland, C. I.）　97
ホルナゲル（Hollnagel, D.）　5
元吉忠寛　73
矢守克也　79
ライス（Leiss, W.）　110
ラザルス（Lazarus, R. S.）　75
リーズン（Reason, J.）　44
リップマン（Lippmann, W.）　125
リンデル（Lindell, M. K.）　73

索　引　　　　　　　　　　　　　　　　　**183**

レオナルド（Leonard, H. B. D.）　155
ロジャーズ（Rogers, R. W.）　76

ワイン（Wynne, B.）　93

事 項 索 引

◆ 欧文・記号
ALARA 基準　114
How safe is safe enough?　11, 114
m-SHEL-S モデル　54
m-SHEL モデル　54
SHEL モデル　53

◆ あ　行
相手との関わり合い（コミットメント）
　98
相手への愛情　99
意識的・熟慮的プロセス　16
英雄伝　145, 148
エリート・パニック　165
遅い思考　16
恐ろしさ　11

◆ か　行
回復期のフェイズ　108
科学技術コミュニケーター　113
科学コミュニケーション　112
化学物質排出把握管理促進法（PRTR 法）
　110
学習性無力感　158
価値観　99
感情ヒューリスティックス　28
記憶の利用可能性　22
危機（クライシス）　155
危機コミュニケーション　170
危機におけるリーダー　166
危険認知と利益認知のトレードオフ
　12

急性ストレス障害（ASD）　83
共考　99
共助　138, 142
共同的実践　153
局所的合理性　46
緊急時のフェイズ　107
緊急地震速報　127
緊急避難　169
緊急報道　124, 130, 151
クレーズ　161
経済的制約　113
欠乏モデル　93
減災　4
　—の正四面体モデル　127, 152
行為スクリプト　67
合理的リスク認知　10
合理的リスク判断　10
コミュニケーションエラー　53
コントロール感の喪失　158
コントロール幻想　13, 31

◆ さ　行
災害リスク　75
災害リスク情報　64
錯覚　17
時間的制約　114
自己正当化欲求　24
自然由来の被害・危険　108
自動的・経験的プロセス　16
自発的なリスク　11
社会全体　170
社会的逆機能　143, 146, 151

集合　106

縮災　4

受容・接近／拒否・回避の判断・動機づけ　29

循環反応　157

少数サンプルの誤差　31

情報　125, 129

　—の環境化　126

情報開示　102

正面報道　148

食品安全委員会　112

人工由来の被害・危険　108

心的外傷後ストレス障害(PTSD)　83

人的制約　114

信頼形成　97

ストレスマネジメント　84

スーパー広域災害　121, 144

(スロヴィックの)危険認知の二要因説　12

正確な現状認識　168

制御焦点理論　78

政策としてのリスクガバナンス　116

誠実さ　97

正常ストレス反応　81

正常性バイアス　26, 62, 157

セイフティ　3

セイフティⅠ　5

セイフティⅡ　4

セキュリティ　3

世間(パブリック)　171

説明責任　102

選択的情報接触　25

先端科学技術　109

専門家の危険認知　91

専門的能力　97

想定された異常事態　156

想定されていなかった異常事態　156

双方向のコミュニケーション　98

組織エラー　53

ソーシャルメディア(SNS)　102

◆　た　行

代表性ヒューリスティックス　22

タイムライン防災　71

多義的な情報　96

脱正常性バイアス　63

単純接触効果　98

単純な情報・知識　94

知識体系(スキーマ)　20

知と信の乖離　152

チームエラー　53

強い動物　15

定位反射　50

定位反応　50

同化性効果　157

統計的独立　31

闘争－逃走反応　61

同調性効果　158

賭博者の錯誤　31

◆　な　行

二重過程モデル　16

認知的過負荷　7, 10

◆　は　行

パニック　159

パニック神話　160

速い思考　16

阪神・淡路大震災　122

東日本大震災　123

非現実的楽観主義　25

非専門家の危険認知　91

ヒューマンファクター　50

ヒューマンファクターズ　50

ヒューリスティックス　11

費用便益対応　158

索　引

フェイルセーフ　43
不確実性　6
不確実な情報・知識　95
複雑な情報・知識　95
復興報道　124, 130, 143, 151
負面報道　148
フールプルーフ　43
プロスペクト理論　26
平常時のフェイズ　107
ベースラインを無視した確率判断　32
萌芽的科学技術　109
防護動機理論　76
防災　4
防災行動　72
報道災害　123

◆ま　行
マスメディア（報道機関）　102
未知性　11
メディア・イベント論　125, 127

◆や　行
予防報道　124, 151

弱い動物　15

◆ら　行
リアリティ　121, 125, 129, 153
　―の共同構築　153
　―の共同構築モデル　129, 143, 152
利益（望ましいことの実現）のための危険　6
リスクガバナンス　115
リスク軽減行動　72
リスクコミュニケーション　89, 153
リスク社会　152
リスク防止行動　72
リスクをまえにした連帯　152
利用可能性ヒューリスティックス　22
リンダ問題　23
レジリエンス　4
ローカリティ　138

◆わ　行
枠組み（フレーム）　27

編著者略歴

土 田 昭 司
つち だ しょう じ

1986年 東京大学大学院社会学研究科
社会心理学専門課程博士課程
単位取得満期退学

現 在 関西大学社会安全学部教授

主な著書

リスクコミュニケーション論
(共著，大阪大学出版会)

新・社会調査のためのデータ分析入門
―実証科学への招待(共著，有斐閣)

© 土田昭司 2018

2018年9月28日 初 版 発 行

心理学の世界 専門編 7

安全とリスクの心理学
こころがつくる安全のかたち

編著者 土 田 昭 司
発行者 山 本 格

発行所 株式 培 風 館
会社

東京都千代田区九段南 4-3-12・郵便番号 102-8260
電 話(03)3262-5256(代表)・振 替 00140-7-44725

東港出版印刷・牧 製本

PRINTED IN JAPAN

ISBN 978-4-563-05886-9 C3311